倡导青少年培育社会主义
核心价值观的故事

U0781582

民主篇

青|少|年|读|物

共青团中央网络影视中心/主编

台海出版社

图书在版编目（CIP）数据

倡导青少年培育社会主义核心价值观的故事．民主篇／共青团中央网络影视中心主编．－－北京：台海出版社，2014.6

ISBN 978 - 7 - 5168 - 0365 - 3

Ⅰ.①倡… Ⅱ.①刘… Ⅲ.①社会主义建设－价值论－中国－青少年读物 Ⅳ.①D616 - 49

中国版本图书馆 CIP 数据核字（2014）第 153594 号

倡导青少年培育社会主义核心价值观的故事．民主篇

主　　编：共青团中央网络影视中心

责任编辑：姜　航　　　　　　装帧设计：视界创意
版式设计：林　兰　　　　　　责任印制：蔡　旭

出版发行：台海出版社
地　　址：北京市朝阳区劲松南路 1 号　邮政编码：100021
电　　话：010 - 64041652（发行，邮购）
传　　真：010 - 84045799（总编室）
网　　址：www. taimeng. org. cn/thcbs/default. htm
E - mail：thcbs@ 126. com

经　　销：全国各地新华书店
印　　刷：北京一鑫印务有限公司
本书如有破损、缺页、装订错误，请与本社联系调换

开　　本：655×960　　　　1/16
字　　数：160 千字　　　　　　印　　张：14
版　　次：2014 年 9 月第 1 版　　印　　次：2021年6月第3次印刷
书　　号：ISBN 978 - 7 - 5168 - 0365 - 3
定　　价：35.00 元

前 言
❀ FOREWORD ❀

　　社会主义核心价值观是民族精神最深层的思想内核，直接反映社会价值的本质和特性，全面涵盖人民群众普遍认同的价值观念。十八大报告指出："到 2020 年，我们国家要实现国内生产总值和城乡居民人均收入比 2010 年翻一番，全面建成小康社会。"世界瞩目的这一宏伟目标，将中国人的家国情怀，汇聚一起，升腾起来。社会主义核心价值观的第一个倡导"富强、民主、文明、和谐"中的民主，必定是我们的共同追求。

　　改革开放的中国已经跨越了世纪之交，中国的青年一代在这个关键时期肩负着民族振兴、经济腾飞的重任。他们的道德意识、思想觉悟、业务技能如何，也即综合素质的状况，在一定程度上，将决定中国在 21 世纪的发展与前途。对人们特别是对在校的青少年学生进行全面系统的社会主义世界观、人生观、价值观教育就具有不同以往的重要性、必要性和紧迫性。

　　我们所了解的民主制度是经过了漫长的时间才形成的。民主制度作为一种有效的管理方式，是由一系列历史事件推动的。这些事件包括 1215 年英国大宪章的签署，18 世纪的法国大革命和美国革命，以及 19 世纪在欧洲和北美选举权的扩大，等等。然而，直到 20 世纪，民主的理念才被确立为在任何国家都适用的"常规的"政府形式——无论在欧洲、美洲，还是亚洲或非洲。为美国独立而战的志士们和法国大革命中的革命者在这一过程中作出了巨大的贡献，是他们帮助人类懂得了，必须把民主变成在人类社会里通行的制度。

作为新世纪的主角的青年一代，更应继承这一放之四海而皆准的民主思想，牢固树立民主价值观，在学习和生活的各个角落里播撒民主的种子，让民主之花盛开得更加绚烂。本书将带着你去寻找民主的踪迹，怀着对民主的坚信，发扬民主的精神，创造更加理想的民主人生！

本书共有四部分：推行民主 为之而战；民主平等 其境融融；民主搭建沟通的平台；民主焕发更强的生命力。

民主篇

目　录
CONTENTS

推行民主　为之而战

我自横刀向天笑 ……………………………………… 2

不推翻帝制决不罢休 ………………………………… 5

长大也当"洪秀全" …………………………………… 8

革命傲先贤的主编 …………………………………… 11

勇争民权的女豪杰 …………………………………… 14

打破这个"鬼的世界" ………………………………… 21

民主的忠实信徒 ……………………………………… 25

用鲜血浇灌革命的种子 ……………………………… 28

平易近人的校长 ……………………………………… 30

置身民主的"布衣将军" ……………………………… 33

为民主而战 …………………………………………… 35

教书先生的转变 ……………………………………… 37

信仰的力量 …………………………………………… 41

忠诚的革命闯将 ……………………………………… 43

为民主奔走的战士 …………………………………… 47

齐鲁大地上的文化战士 ……………………………… 51

民盟的引路人 ………………………………………… 54

没有民主，哪有和平？ ……………………………… 56

有第三颗子弹吗? ……………………………………………… 60

为民主罹难 ……………………………………………………… 62

消逝的光辉生命 ………………………………………………… 67

尊严是上帝赐予的荣名 ………………………………………… 71

"和平之星"的陨落 …………………………………………… 75

民主平等　其境融融

班级管理中的民主困惑 ………………………………………… 82

我的班级我做主 ………………………………………………… 84

丑小鸭变成了白天鹅 …………………………………………… 87

投票竞选 ………………………………………………………… 89

尊重就是平等 …………………………………………………… 91

民主后的集中 …………………………………………………… 92

放点权力给孩子 ………………………………………………… 94

多一点儿民主 …………………………………………………… 97

关爱带来的转变 ………………………………………………… 100

请给孩子留个"梦" …………………………………………… 102

自主管理,井然有序 …………………………………………… 106

变被动为主动 …………………………………………………… 107

弯腰也很美 ……………………………………………………… 111

"拾豆"学自律 ………………………………………………… 113

民主搭建沟通的平台

创造民主的课堂 ………………………………………………… 116

开放的空间,意外的惊喜 ……………………………………… 118

打开自主学习之门 ……………………………………………… 120

欣赏的力量 ……………………………………………………… 124

打通双向沟通渠道 ……………………………………………… 128

人微言不轻 ……………………………………………………… 130

民
主
篇

请摘掉你的有色眼镜 ……………………………… 134

真诚的赞扬 ………………………………………… 135

一根"草"变成"宝" ……………………………… 137

寻找特殊能力 ……………………………………… 139

公平地对待每个人 ………………………………… 141

用温和代替生硬 …………………………………… 143

发扬民主，各尽所长 ……………………………… 145

分享你我的快乐 …………………………………… 148

转变源于小小的鼓励 ……………………………… 150

民主焕发更强的生命力

翻开民主自治的新篇章 …………………………… 154

人才不问出身 ……………………………………… 158

请尊重你的员工 …………………………………… 162

成为授权高手 ……………………………………… 166

给人才一个舞台 …………………………………… 170

全员决策效率高 …………………………………… 173

真正做到当家做主 ………………………………… 177

控权犹如放风筝 …………………………………… 180

有不平就投诉 ……………………………………… 184

拿下属当伙伴 ……………………………………… 187

公平对待成与败 …………………………………… 191

培养热情的"内企业家" ………………………… 194

倾听不同的声音 …………………………………… 197

权力交给小团队 …………………………………… 200

优势互补，形成合力 ……………………………… 204

一碗水端平 ………………………………………… 207

放下架子，走近基层 ……………………………… 209

保持不变的尊重 …………………………………… 213

民
主
篇

推行民主　为之而战

　　人类自诞生之日起，就有着对美好生活的追求和向往，企盼美好生活得以实现。步入近代，自由、平等、民主，成为人类追求的美好理想。反对专制统治、要求民主政治和平等权利成为时代的最强音。为此，世界人民进行了长期不懈的斗争。在人类发展的历史中涌现出了无数的民主战士，他们用自己的鲜血和生命谱写了壮丽的民主诗篇！

我自横刀向天笑

【名言】

我自横刀向天笑，去留肝胆两昆仑！

——谭嗣同

【故事】

甲午年（1894年）谭嗣同正好30岁，他写了《三十自纪》一文，规划出全面改革中国的方案，还准备全力以赴将此付诸实施。1898年6月11日，光绪皇帝开始"百日维新"。为了加快推行变法，壮大维新派阵营，光绪皇帝决定起用一些新人来推行变法。于是，在宣布变法的第二天，下令湖广总督张之洞、湖南巡抚陈宝箴，速送黄遵宪、谭嗣同上北京接受授予的新职。但是，未等谭嗣同的大志付诸实现，顽固派们便准备先行下手绞杀改革派了。9月21日早晨，慈禧发动政变，将光绪帝囚禁于中南海瀛台，并假借光绪帝的名义，请慈禧"训政"。慈禧重掌清廷大权，废除新政，戊戌变法就这样失败了。

政变发生的当天下午，谭嗣同在自己住地与梁启超等人紧急筹商对策。他与大刀王五计议密召"京津健儿"去中南海瀛台劫出被幽禁的光绪，未成；他又与梁启超去找容闳及英国传教士李提摩太等人，准备促请英、美、日驻华公使出面"设法保护皇上"，结果也落了空。至此，谭嗣同眼看事情已无可挽回，从容地对梁启超说："我们前几天想救皇上，既已无法可救；今日想救康先生，也已无法可想。现在我已无事可做，唯有死！"

　　第二天，北京城内风声更紧。谭嗣同知大难即将临头，显得更加沉着坚定，从容地准备自己的后事。他找出自己多年的诗文书信稿本，其中包括《仁学》手稿，来到梁启超避居的日本驻华使馆中，交给梁启超，请他保管，并让他早点逃往日本。梁启超劝他一道出走，谭嗣同说："如果没人留下来，将来如何发展维新？如果没有死者，又如何酬答圣主？"他希望梁启超把改革大业继续进行下去，而自己决心为变法、为光绪帝献出生命。

　　在这危急的时刻，大刀王五也一再劝谭嗣同出走，并自愿做他的保镖。可是谭嗣同决心已定，拒绝出走，并取下随身所带的"凤矩"宝剑赠送给王五，慷慨激昂地说："大丈夫不做事则已，做事则磊磊落落，一死何足惜。各国变法，无不因流血而成。中国还没有因变法而流血的，今天就从嗣同始。"

　　谭嗣同作好了杀身成仁的准备。他突然想到远在千里之外的湖北担任巡抚的老父谭继洵，必然要受自己牵连，情急之中心生一计：他取出往日父亲寄来的七封书信，烧去信纸，留下信封，再摹仿其父口气与笔迹，给自己写下七封假信，每封都有训斥儿子、反对变法的内容，指责谭嗣同不忠不孝，要和他脱离父子关系，等等。信写好后，他把它们放在屋里的显眼位置。

　　9月24日，慈禧下令将谭嗣同与林旭、杨锐、刘光第四位军机章京先行革职，交步军统领衙门拿解刑部审讯。

　　9月28日下午，慈禧下令不经任何审讯，将谭嗣同等六人斩决。清廷刑部官吏将谭嗣同等六人提出监狱，从西门出。刘光第等昂首不跪，谭嗣同更是高声指责，场面十分壮烈。

　　下午3点半钟，谭嗣同等六人被押进刑场。成千上万的人哭着为他们送行。有友人为刘光第等送来西鹤年堂药店的鹤顶血，让他们服下，立即昏迷，以此减轻就刑时的痛苦。刘光第推开说："读书数十年，到今天才有用了，拿去。"谭嗣同则悲歌绝命诗：

有心杀贼，无力回天。

死得其所，快哉快哉！

　　第一个被杀的是康广仁。当时行刑的刽子手所用的刀较钝，一刀下去，鲜血汩汩然冒出，脑袋却没有掉下。康广仁因痛苦挣扎，全身衣裤尽裂。

　　面对这痛入骨髓的惨状，谭嗣同等悲愤而又平静。杨锐被杀后，刘光第将其头捧过来，用纸擦掉血，放回杨锐的脖颈处，然后引颈就戮。林旭就刑时，其神色不变。谭嗣同是第五个被杀的。他大踏步走向就刑处，仰天大笑。

　　谭嗣同等六人被杀后，清政府还残暴地下令将六人的头颅悬挂在刑场上示众三天，莽苍苍斋的义仆刘凤池于当日下午冒险将谭嗣同的无头尸体运回浏阳会馆，用自己的全部积蓄六十两银子购棺装殓。三天以后，刘凤池又把谭嗣同的头颅找回，请人缝合尸首，暂时安葬。第二年，刘凤池又护送谭嗣同的棺木到湖南浏阳城外的石山下，正式安葬。谭嗣同墓前的华表上刻着一副对联：

亘古不灭，片石苍茫立天地；

一峦挺秀，群山奔趋若波涛。

　　谭嗣同年迈的父亲谭继洵果然因谭嗣同的保护，没有受到更大的迫害，仅被革职回浏阳老家。他因儿子的壮烈就义，思想也受到了很大的触动。他对哀哀啼哭的谭嗣同夫人说："儿呀，不要悲伤，今后在历史上留下名字的，不是我这个曾当过巡抚的老父亲，而是你那为改革献身的丈夫！"

【解读】

　　谭嗣同非为一人之江山，而是为天下苍生求自由、谋幸福，"我不

民主篇

4

入地狱，谁入地狱"，"虽千万人，我往矣"；"我自横刀向天笑"：谭嗣同气吞万里如虎的豪迈，实为华夏第一人杰。这颗划过暗黑夜空的流星，留下了一道异常耀眼的光芒，引导、激励着一个又一个"不自由，毋宁死"的热血男儿。

不推翻帝制决不罢休

【名言】

革命就像火一样，任凭大雪封山，鸟兽藏迹，只要我们有火种，就能驱赶严寒，带来光明和温暖。

——杨靖宇

【故事】

辛亥革命失败以后，袁世凯为了掌权，就解散国会，废除《临时约法》，接受日本提出的灭亡中国的"二十一条"；接着指使爪牙，伪造民意，组织请愿上书。1915 年 12 月，袁世凯公然恢复君主制度，自称"中华帝国皇帝"，改元"洪宪"，并于 1916 年 1 月粉墨登场。

袁世凯的倒行逆施激起了全国人民的强烈反对，曾参与或支持辛亥革命的仁人志士纷纷讨伐袁世凯，维护共和政体。最早站出来举兵反袁的是蔡锷。他在云南宣告独立，并组织护国军讨伐袁世凯，护国战争由此爆发。

张澜听说蔡锷在云南高举护国讨袁的旗帜，立即与罗纶等人商议，支持云南独立。

第一件事就是策动顺庆驻军首领起义。当时，这支驻军是川军第二

民主篇

混成旅，旅长是钟体道。此人曾用全旅军官的名义向袁世凯上表劝进，对复辟帝制很卖力。尽管如此，张澜还是打算试一试，他冒险前去做游说工作，对钟体道说："民主共和乃大势所趋，袁世凯逆时代潮流而行，已是天怒人怨，望你弃暗投明，起义讨袁。"

谁知钟体道本性不改，反问张澜道："袁世凯权大势大，谁能奈他何？还是不要以身试法，明哲保身为好。"张澜见劝说不动钟体道，无奈只得作罢。

钟体道在罪恶的道路上一直走下去，他坚决执行袁世凯在四川的爪牙陈宦的命令，镇压各路起义人士。

但是张澜决心已定："不最终推翻帝制，决不罢休。"他派人到川北的很多县城宣传独立的意义，组织讨袁武装，布置起义计划。由于张澜在保路运动中赢得的声望，他在群众中非常具有号召力，大竹、广安、渠县、邻水等地方武装纷纷响应起义，逐渐对顺庆形成包围之势。

这时，钟体道旅第二团连长王靖澄也宣布独立，进兵顺庆，钟体道成了瓮中之鳖。张澜又派人去劝降："形势已经非常清晰，袁世凯大势已去，继续为虎作伥，只能死路一条。"

无路可走的钟体道虽然固执，但也能分清形势，不得不改变态度，顺应革命了。1916 年 3 月 28 日，钟体道与张澜、罗纶在顺庆成立川北护国军总司令部，钟体道任总司令，张澜任政务长，罗纶任参谋长，响应蔡锷的起义，宣布顺庆独立。

顺庆和川北部分县的独立，声震全川，这不仅牵制了一部分北洋军，减轻了入川护国军的压力，有助于川南护国军主力决战，而且与川西、川东等地起义相配合，声震成都，有力地促进了四川的独立。

顺庆独立时，袁世凯虽已被迫于 3 月 22 日宣布取消帝制，废除"洪宪"年号，但还想继续做大总统。

陈宦处于左右摇摆之中，要是宣布独立，袁世凯不会轻易放过他的，必定派北洋军将领来川取而代之；不宣布独立，势必与护国军为敌，自己力不从心。

在这种情况下，5月初，张澜以个人名义致函陈宦，晓以大义，并使其力劝袁世凯退位。函中说：

> 顷阅报载，康有为、汤化龙致书于大总统，皆请其去位，以弭兵端；如再据位自国，必招大乱。今日之国是，莫先于此，弭今日之乱祸，亦莫要于此。

这封信指明了形势，击中了要害。陈宦不思茶饭，考虑了几天，终于接受了张澜的劝告，于5月22日宣告四川独立。

四川独立后，张澜于5月26日致函祝贺。贺函中说：

> 义军主旨，在逼袁氏退位，而袁氏未去，和议未成，将来战事变态难测，危机险象，当早为戒备。目前地方现状，已成乱势，心所谓危，不敢缄默，就其大者，略陈四端：一是善遣驻渝诸军，使川人得免兵灾之祸；二是谋各道独立军之统一，抚慰得其人，操纵得其势，纳并得其方；三是安辑地方，以苏民困，而开饷源；四是陈腐吏，裁冗官。

这些意见是针对四川存在的主要问题提出来的。因为当时不少护国军纪律松弛，严重危害人民的生活，造成社会秩序混乱。张澜的意图是要及早做好工作，以免后患无穷。后来，四川的动乱局面充分证明了张澜的预见是正确的，正是有张澜的远见卓识，才减少了损失。蔡锷称张澜为"今日之管仲"。

四川独立，以其特殊的战略地位影响了护国战争。陈宦的独立宣言成了袁世凯的"送终汤"。袁世凯接到电报后，当场晕了过去，当他醒来时失声痛哭。这件事给袁世凯的刺激，比任何一次都大。紧接着5月29日，湖南宣告独立，袁世凯又一次气得差点昏厥过去。他喃喃自语道："人心大变！人心大变！"并深感日暮途穷，在过度的忧愤中终于一病不起，在人民的唾骂声中一命呜呼。

【解读】

护国战争作为民主革命的重要组成部分，在中国近代史上谱写了光辉的一页。张澜在护国战争中运筹帷幄，团结大批有识之士，在护国战争的主要战场——四川这个特殊的地方，不顾个人安危，去组织领导川北起义，后又促成四川独立，有力地打击了袁世凯的独裁统治，有力地配合了护国战争的顺利进行，对保卫民国做出了重大的贡献。

民主篇

长大也当"洪秀全"

【名言】

民主并不是什么好东西，但它是我们迄今为止所能找到的最好的一种制度。

——丘吉尔

【故事】

在珠江口外有一个依山傍水的小村庄，广东香山县翠亨村。槟榔山不高而秀，兰溪河不宽而清。1866 年 11 月 12 日，在村边一间简陋的农舍里，一个男孩降生了。他就是后来改变了中国命运的民主革命伟人孙中山。

父母给他起的名字是帝象。小帝象的家庭是一个贫苦的农家，从祖父孙敬贤起就靠租种他人的田地维持生活，父亲孙达成早年在澳门打工，回乡后依旧是佃农。后来，孙中山的长兄孙眉在檀香山经商致富，家境才逐渐好起来。像所有的穷孩子一样，孙中山从懂事起就开始分担家务劳动，砍柴、割草、下田，最有意思的是跟大孩子去讨小海，不仅可以捡到退潮留下的小鱼小蟹，而且可以收获许多好看的贝壳。孙中山从小干活就特别利落，常常是别人还没干什么，他就已经干完了。自己做完了，他还帮助其他小伙伴做，特别喜欢帮助比自己弱小的孩子。尽管脚上没有鞋穿，肚里只有白薯，但是童年的孙中山还是有许多快乐的时光。他经常和村里的孩子一起下河摸鱼，上岸嬉戏。男孩子最喜欢的莫过于玩"打仗"，每当这时候，小帝象都是当然的首领。

在翠亨村有一位太平军老兵，大人们不大敢接近他，可是孩子们却喜欢听这位饱经风霜的老人讲太平军的故事，像洪秀全金田起义，石达开打得曾国藩投水，李秀成大破洋枪队，孩子们听得欢天喜地，抓耳挠腮，而听得最入神的当数小帝象。那位太平军老兵也非常喜欢这个器宇不凡的孩子，常说小帝象长得像洪秀全，希望他长大以后也当"洪秀全"，推翻清王朝。因此，翠亨村的孩子们都叫小帝象"洪秀全"。从此以后，翠亨村的孩子玩"打仗"游戏，就不只是官兵捉强盗，还有太平军打清兵，而小帝象自然是太平天国的天王洪秀全。时间一长，大人们也知道了小帝象的这个"绰号"。晚上孩子们要是稍微晚点回来，大人们就会嗔怪道："是不是又跟'洪秀全'去打仗了？"

广东由于"天高皇帝远"的地理位置和三合会等反清帮会的长期活动，民间对于清朝统治一直不满，大家对反清的活动和言论都采取默许的态度。这种社会氛围使小帝象从小就萌发了反清意识，而清政府的种种倒行逆施又强化了他的这种意识。两广和福建一带，因生活所迫，背井离乡到海外谋生的人很多。成千上万的海外华侨用他们以生命和勤劳换来的财富滋养了家乡，也滋养了祖国。可是，腐败的清政府不但不尽基本的义务保护华侨，反而将他们看作"弃民"，想尽各种办法搜刮迫害他们。在海外辛苦赚钱，准备叶落归根的华侨，往往会受到无端的欺辱。小帝象曾亲眼看见过同村的一位归侨商人，在青天白日之下店铺竟被盗匪洗劫一空，而清朝地方政府对此却坐视不管。看着悲痛欲绝的归侨商人，小帝象的心里非常难过。如果说这一事件只是说明了清政府的无能，那么小帝象亲眼目睹的另一件事则清楚地暴露了清政府的凶残、无道和贪婪。

翠亨村有李氏三兄弟，漂洋过海千辛万苦在美国的旧金山淘金赚了一些钱，回到家乡办置了自己的产业，而且盖了一座小花园，村里的孩子都可以去那里玩，那里也是小帝象和小伙伴们玩耍的乐园。可是，突然有一天，一群如狼似虎的清兵闯进村来，不由分说地抓走了李氏兄弟，抄了他们的家，封了小花园。小帝象为此感到不平，上前大声质问。领头的官吏竟然二话不说，拔刀便刺。幸亏小帝象闪得快，才躲了过去。原来，李氏兄弟的产业刺激了当地官员的贪心，他们便以"莫须有"的罪名把李氏兄弟抓进监狱，霸占了他们的产业。后来，李氏三兄弟一人被处死，两人不知所终。这件事深深地刺痛了小帝象幼小的心灵。从此，他似乎有些明白为什么洪秀全要揭竿而起，反抗腐败的清政府了。

孙中山 10 岁入村塾读书，12 岁随母赴檀香山。在长兄孙眉资助下，先后在檀香山、广州、香港等地比较系统地接受了西式的近代教育。在清朝光绪年间，孙中山留学归来，途经武昌总督府，想见湖广总督张之洞，他递上"学者孙文求见之洞兄"的名片。门卫随即将名片呈上，张之洞一瞧很不高兴，问门卫："来者何人？"门卫回答："是一儒生。"张总督令人拿来纸笔写了一行字，叫门卫交给孙中山。孙中山一看，纸上写着："持三字帖，见一品官，儒生妄敢称兄弟。"这分明是一副对联的上联。孙中山微微一笑，对出了下联，又请门卫呈送给张之洞，张之洞看见上书："行千里路，读万卷书，布衣亦可傲王侯。"不觉暗暗吃惊，急命门卫大开中门，亲自迎接才华横溢的孙中山。

1894 年 11 月，孙中山从上海去檀香山，组织了兴中会，以"驱除鞑虏，恢复中华，创立合众政府"为誓词，是为中国资产阶级第一个革命政治团体。1895 年 2 月，他在香港联合当地的爱国知识分子组织辅仁文社，建立香港兴中会。同年 10 月，兴中会密谋在广州起义，事泄失败，孙中山被迫流亡海外。1896 年 10 月，在英国伦敦曾被清公使馆诱捕，经英国友人营救脱险。此后，孙中山详细考察欧美各国的政治经济状况，研究了多种流派的政治学说，并与欧美各国的进步人士接触，产生了独具特色的民生主义理论，三民主义思想由此初步形成。

1905 年 8 月，孙中山与黄兴等人，以兴中会、华兴会等革命团体为基础，在日本东京创建全国性的资产阶级革命党——同盟会，孙中山被推举为总理，他所提出的"驱除鞑虏，恢复中华，创立民国，平均地权"的革命宗旨被采纳为同盟会的纲领。同盟会的成立，有力地促进了全国革命运动的发展。

【解读】

孙中山是伟大的民主革命先行者、伟大的爱国者，他全心全意为改造中国而耗费了毕生的精力，因为他，中国革命出现了一个崭新的局面。他最早提出了用暴力推翻清王朝统治的主张，一生都在为中国革命奔走，直到生命的最后一刻心中惦念的依然是未竟的事业。

民主篇

革命傲先贤的主编

【名言】

思想一旦觉悟，就不会再瞌睡。

——卡莱尔

【故事】

1916 年，全国讨伐袁世凯称帝的声势一浪高过一浪，中华革命党在上海的负责人陈英士找到邵力子，开门见山地说："我们得办一份报纸，进行舆论宣传。"邵力子一听就非常高兴，搓着手说："我也早有此意。"这件事就这样定了。之后，邵力子联系了另一个报人叶楚伧，两个人积极活动，终于创办了《民国日报》，起初定名《生活日报》。从此，邵力子便投身于同帝国主义、封建主义斗争的最前列了。《民国日报》的革命性和战斗性是不言而喻的，尤其是邵力子主办的《觉悟》副刊。

《觉悟》副刊创办于1919年。五四运动后，中国社会进入了一个新的历史时期，在这个历史时期的转折关头，新与旧彼此交织，革命与保守相龃龉，一批先进的知识分子开始了对中国发展的光明前途的探索；也有更多的人在徘徊思索，找不到前面的路。邵力子意识到自己肩上的重任。他说："一个人如果不能认识到为什么要革命，怎样革命，以及革命的目标是什么，那么这个人就是一只无头苍蝇，乱撞撞而已。使他们醒悟，找到力量的源泉，又找到了力量的用武之地，则力量强大，什么事都可以做成。"邵力子对民众和未来充满了信心，由于《觉悟》副刊创办时，时间匆忙，创刊号连发刊词都来不及写，过了两天，邵力子在《古训疑录》中才阐明办刊的宗旨：

> 学问不能进步，乃在一般人对古训的深信不疑。古训在产生的当时无疑有过不少作用，但时过境迁，其消极性就暴露出来了。我们不能根据现在的实际情况有选择地对待它，而让它们束缚我们的手脚，它就成为有害我们的东西了。近年来，我们和欧美通商，外国的新潮流在我们的失败中一点点输进来，这使我们产生新鲜感，同时，也对我们提出了新的时代主题，中国人必须觉悟，凡是无用的我们必须抛弃，用新的头脑面对我们的未来……

邵力子对青年很偏爱，因为他觉得，没有青年的觉悟，一个社会是没有生气的，也不可能真正地觉悟。因此，在主编《觉悟》副刊期间，他非常重视青年和学生的来稿，热情接待他们的来访，每封来信都认真答复，使青年、学生把《觉悟》副刊当作自己的良师益友。

副刊上辟有"通讯"一栏，许多青年来信都由邵力子署名答复，颇受青年们的欢迎。邵力子在与青年、学生交往时，经常从副刊的特点出发，注重引导他们认识黑暗社会的本质，从而唤起他们坚定的革命信心。

1920年年初，《觉悟》副刊上开展了关于吊打窃贼事件的讨论。有一篇以真事为题材的小说《捉贼》，描写了学生吊打小偷的情景，引起了青年人的强烈反响。邵力子在副刊中评论此事时写道："这个人固然是贼，但应不应该吊打？天下的人，小偷小摸是不是最坏的？比他坏的，触目皆是。军阀、政客、资本家、地主，哪一个不是操戈矛的大盗？为什么大盗逍遥自在，受人敬礼，而小盗在此地被吊起来敲打？"

青年来信问他："该如何解决大小盗的问题呢？"

邵力子又载文指出："解决贼的问题是要变革整个社会制度，打倒军阀、政客，造成一个平等的社会，在这个社会里，人们衣食无忧，拥有生存权、劳动权、教育权，自然就不会去小偷小摸了……"

也有青年来信说："变革整个社会制度谈何容易。"

邵力子又专门复信："世上无难事，就怕有心人，只要有理想、有信心，岂有做不成的事？"

邵力子还经常与青年们讨论关于学习新文化、争取婚姻自由和如何做一个正直的人等方面的问题，青年们有什么苦衷和知心话必投书于《觉悟》。一位青年在来信中说："我在案头放了几本《觉悟》，可以随时想一想自己的觉悟是否符合《觉悟》的精神？唯恐偶一不慎有堕落的倾向，每每看到《觉悟》，便觉得很能提高我的觉悟能力、觉悟思想，且逐渐在养成完全觉悟的人格……"

邵力子虽然不是马克思主义者，但他的民主主义革命思想也有与无

民
主
篇

产阶级革命思想相通之处。他经常利用《觉悟》副刊传播马克思主义，并注意结合中国的现状研究一些实际问题，为无产阶级革命理论深入民心做过一定的贡献。共产党人瞿秋白、恽代英、邓中夏、萧楚女等人在这里发表了不少文章，就是邵力子支持和帮助的。《觉悟》还曾多次登载马列主义著作的原文，如列宁的《共产主义和社会的进化》、《帝国主义论》，恩格斯的《科学的社会主义》（今译《社会主义从空想到科学的发展》"三"），等等。从某种意义上来说，《觉悟》副刊成为一些共产党人传播革命思想的阵地。据协助邵力子编辑《觉悟》的陈望道回忆："《觉悟》配合中国共产党领导的批评各种反动思潮的斗争，有着广泛的影响，登载这些文章，经常受到旧租界巡捕房警方的干预，随时有罚停刊或其他的处分。"但邵力子顾不上这些，我行我素，表现了邵力子民主主义革命的坚定信念和进步的思想。

【解读】

邵力子主编的《觉悟》，由于种种原因，于 1925 年停办。其间，《觉悟》副刊对教育青年、唤醒民众和介绍革命理论都起到了重要的作用，轰动一时，影响力很大，被誉为当时全国报纸中四大副刊之一。邵力子也因此成为时人关注的重要人物。

勇争民权的女豪杰

【名言】

有勇气承担命运，这才是英雄好汉。

——赫 塞

【故事】

史良出生于江苏常州，父亲以教书为业，一家人的日子过得比较艰苦。史良从小受到父亲的影响，性格倔强而坚强，嫉恶如仇。小学毕业后，史良进入女师学习。女师在当时的常州算是高等学府之一。那时从全国的学校来说，女子学校还不多，女子上学读书，这本身就是一种革命性的行为。

在女师，史良开朗活泼，斗争性强，对黑暗势力和丑恶行为绝不姑息。校长颟顸无能，同学们都不满意他，想把他赶走，决定举行一次罢课示威。史良是校学生会会长，同学们都推举她来领导这件事。起初，她有些犹豫，因为毕竟是一个女孩子，从来没做过这样的大事。后来，她想："女人必须克服自身的软弱，为什么要想到自己是女人，就很多事不能做了呢？"她勇敢地站起来，举着拳头对同学们说："我是学生会会长，出了事由我负责，大家不用怕，当怎么干就怎么干。"

同学们被史良的大无畏精神激发着，先向劝业所（类似于现在的教育局）请愿，接着大闹县公署，包围县长三个小时，围困劝业所十三个小时，声势浩大。由于罢课理由正当，同学们团结一致，最后取得了胜利，校长的职务被罢免了。

1919 年，五四运动爆发了，全国各校学生热烈响应和支持。常州学生也掀起了一场声势浩大的罢课活动进行声援。常州有好几所学校，为了便于统一行动联合起来了。史良在前段时期的学潮中得到了锻炼，变得更加成熟了，被推选为全县学生联合会的副会长和学联评议部主任。学联发表了罢课宣言，很快实现了全市的罢课。接着又把同学们组织起来，成立了许多宣传队，分别到工厂、农村去宣传，开展一个群众性的抵制日货运动。这件事闹得很大，触动了县府的那班老爷们，他们联合常州县的一些士绅，密谋拟定了一个扼杀学生运动的根本办法，就是停办学校。

这一天，史良去上学，发现校门口挂了个小木板，上面写着三个大字："停办令"。停办令的全文贴在木板的下端。同学们见了，万分气愤，就把它撕下来去找校长理论。校长说："这是劝业所决定的。"

史良登高一呼："我们找劝业所去。"

同学们跟着史良一起涌到劝业所，指名要见所长徐化吾。学生人多，七嘴八舌，高呼口号，徐化吾怕得不得了，只得推说："这事是县衙门决定的。"

史良本着"不入虎穴，焉得虎子"的精神，立刻掉头和同学们来到县府，又指名要姚知县接见。那位知县自知理亏，不敢出来，派了一个爪牙出来，当众宣布要捉学生。史良义愤填膺，指着那个爪牙的鼻子说："要捉就捉吧，我们自己送上门来了。"

那个爪牙当然不敢动手，争执一番后，溜之大吉了。大家非常气愤，把公堂上的长桌掀翻，把审签撒了一地，县衙门赶紧加兵加岗，而且找来八个士兵手持大刀，对着史良和同学们。史良推开面前的大刀，对着士兵们演讲起来："我们的行动是爱国的，军阀是卖国的，你们千万不要上当，去给军阀当走狗。"说完，挥手指挥大家向前冲。这下可把那个爪牙急坏了，他满脸堆笑地说："请大家先吃饭，吃了饭知县就回来了，那时再好好谈谈。"于是，大家都去吃饭等候。

哪知到了晚上，知县竟把史良的父亲捆绑到县衙门来，声色俱厉地威胁史良的父亲，说史良是带头闹事的，让老人把史良带走。这事被同学们发现了，一拥而入，去责问知县，知县大惊失色，狼狈不堪。史良对他严正地说："我们学生为学校停办的事来找你，你却把我父亲抓来干什么？"

知县赶紧诡称："不是抓来，而是请来谈谈。"他先支支吾吾，后来理屈词穷，在强大的学生队伍面前，县衙门终于收回了停办学校的命令。这场斗争取得了胜利。

斗争胜利后，史良和另一个同学受同学们的委托，代表常州县的学生到南京去请愿。这是史良第一次参加全国性的群众运动，它鼓舞了史良，使史良认识到了群众力量的伟大。她决心以此为起点，献身中国的社会改造运动，为劳苦大众的翻身解放尽自己的力量。

1923 年，史良考入上海政法大学，攻读法律，毕业后不久就从事法律业务了，后来成了律师。在史良的律师生涯中，曾为不少被捕的共产党员打过官司，有失败，有成功，无论成功还是失败，史良都竭尽心力，做了大量的工作，她的行为是令人钦佩的。

中共中央委员邓中夏被捕了。邓中夏从狱中托人找到史良。史良当时尚不知邓中夏的真实身份，因为邓中夏用的是化名施义。史良在狱中见了邓中夏后，被邓中夏的信任和诚恳所感动，当即决定为他打官司。

邓中夏是在租界内被捕的。史良分析，邓中夏没有什么证据落入外国人之手，所以要争取在租界内审理，否则国民党实行"宁可错杀三千，也不漏网一个"的政策，邓中夏就性命难保了。

起初，工作进行得较为顺利，哪知不久，江苏省高等法院派人来找史良，说蒋介石亲自下了手谕，强迫法巡捕房把邓中夏移送到南京去。史良力争也无济于事。邓中夏在被移送到南京后不久就被枪决了。他殉难之前高喊口号，英勇不屈。事后，史良从宋庆龄那里得知，施义就是大名鼎鼎的共产党员邓中夏。她伤心、难过，为不能最终营救邓中夏而自惭。

从此，史良除了对国民党痛恨之至外，就是决心尽所有能力为被捕的共产党员作辩护律师，使之重获自由。史良开始和中共地下组织取得联系。为了方便，中共上海地下党指定互济会的一个负责同志在史良的律师事务所任帮办。

1933 年夏天，上海互济会的负责人告诉史良，任白戈因共产党员的嫌疑而被捕了，有特殊理由必须紧急营救。史良接受了这个案件，担任律师。

史良首先找到法院方面的熟人，托其向警察局了解案情。回话说，任白戈是在中国地界被捕的，被捕时警察局掌握的证据并不充足，现正到处搜集证据。史良听了，知道这个案子相当紧迫，因为凡在中国地界被捕的，国民党警察往往不经司法程序，随便就处理了。如果转到特务手里，还要糟糕，既不能出庭辩护，又无法前往会见，甚至连关押在哪里都可能不知道。情况十分危急。

为了达到营救的目的，史良和法律界的朋友商量，决定出奇制胜，先托法院查到任白戈被关押的地点，然后直接通过法院人员公开向警察局提出，说此事是误会了，望允许保释。当时警方确实没有掌握重要的证据，只是把任白戈当做一个思想左倾分子，未予重视。营救最终取得了成功。

更有趣的是，与任白戈同时被捕的，还有另一位地下党员，警察局认为，既然任某不是重要人物，此人亦必不是地下党员，次日就把他释放了。

1934 年，又有两个人被捕了，出事地点在法国租界内。他俩是兄弟，都是共产党员，被叛徒出卖的。若当面对质，他们肯定不可能生还。史良打听到，除人证外，无任何物证，因此，法巡捕房还在踌躇。

史良正式接到本案后，第一件事是托人打听告密人的姓名，随后通知中共地下组织。中共地下组织证实了那个叛徒的情况，通过"打狗队"果断地把他除掉了。人证既除，本案的关键问题就解决了。

法巡捕当时正在用刑逼供这两个共产党员，史良以律师身份提出，警方用刑是违反法律规定的，要求立即移送法院，开庭审理。

法巡捕不得不将这兄弟俩移送法院，法院审理时，由于人证已不存在，无从对证，此案只得以嫌疑分子无罪结束了。

斗争是复杂的，史良每经办一件这样的案件，都要冒很大的风险。但她心向正义，不畏强暴，凭着有限的力量向黑暗势力进行最坚决的抗争。

1936 年 11 月 22 日，史良因参加抗日救国会被捕，直到七七事变爆发，中华民族的全民抗战开始后，才被释放。之后，她前往香港等地宣传抗战。不久，国民参政会成立，史良被聘为第一届国民参政议员，于是暂停了律师业务。

那时，国民党公开实行一党"训政"，人民的基本权利毫无保障，广大人民要求民主的声浪很高，而国民党却玩弄各种花招，拖延宪政的实施，国民参政会就是花招之一。这个机构名为"民意机关"，实际上只是一种摆设。国民党似乎并不隐讳这一点，公布的国民参政会条例中就明白地说："国民政府在抗战期间，为集思广益，团结全国力量起见，特设国民参政会。"所以，有人说国民参政会不过是请客吃饭用的餐桌，而参政员不过是这个餐桌上的客人罢了。

1939年9月，国民参政会举行第四次大会，共产党和各抗日党派的参政员提出了实施宪政的要求，提案有七个之多。史良代表救国会除了从原则上支持其他党派的提案精神外，也提出了两个提案。第一个提案是集中人才。这个提案明确规定：用人但问其才不才，不问其党不党；承认各党派之合法存在；实施民主，使人人得贡献其意见，发挥其才能。第二个提案是增强团结。其办法有三项：不得磨擦；政府用人不因党派关系而有所歧视；实施民主和政党政治。救国会的这两个提案以及其他党派有关宪政的提案虽然在会议中进行了讨论，但只不过是一纸空文。尤其令人气愤的是，关于保障人权的问题，史良在历次参政会中都要呼吁，可是呼吁归呼吁，人民的权利始终得不到保障。

不过，史良利用国民参政会也做了一些有利于抗日、有利于民主的事情。有两件事特别值得一书。一件是在宪政期成会中关于妇女权利问题的斗争；一件是关于四川一个县长违法乱纪的案件。

宪政期成会是国民参政会内的一个工作机构，由委员25人组成。这个机构包括各方面的人士，政治主张不一。在讨论问题时，经常发生尖锐的斗争。

有一次，为了宪法草案中关于妇女地位的问题，发生了激烈的争论。史良坚持要在国民大会中保证妇女名额不得低于15%，如此方能实现妇女参政，但是国民党反动派为了剥夺妇女的参政权，虚伪地提出"平等地参加选举"的主张。这个争论后来甚至发展到动武的地步，斗争的结果虽然妇女获胜，但整个宪政运动却被国民党反动派从根本上破坏了。

关于一个县长违法乱纪的案件经过是这样的：四川有一个县长，他在当地是个"小皇帝"，欺压百姓，无恶不作。有一次，为了报复一个地方人士，居然把这位地方人士全家都逮捕了，严刑吊打，情节极为恶劣，引起当地人民的极大愤怒。史良得知这件事后，随即以国民参政员的名义写信给当地专员公署，要求予以制裁。这个事件，最终以这个"小皇帝"的被撤职而告终。

史良嫉恶如仇，看不惯的事情就要管，使她同国民参政会的关系变得逐渐紧张起来。1939年，国民党反动派以精神动员会的名义发出了"一个主义、一个党、一个政府、一个领袖"的口号，阴谋打击一切进步力量。年底开始，国民党军队发动了对陕甘宁边区人民的武装进攻，举国震惊。国民党破坏团结，坚持独裁，反对人民的面目进一步暴露于天下，中共参政员拒绝出席第二届国民参政会的末次会议，史良和救国会的其他同志，也宣布拒绝出席，对国民党反动派的倒行逆施，表示了坚决的抗议。

此后，史良仍然与救国会的同志及全国人民一道，参加争取民主、反对独裁、维护团结、坚持抗战的爱国民主运动，令国民党发动派十分恼火。1942年，国民党召集第三届国民参政会时，史良被取消参政员的资格，连"请客吃饭"都不请史良了。史良的参政员生活就此终止，可她的革命活动在继续，而且更加积极。

【解读】

近代中国的法律史就是一个争"民权"，争老百姓"参政权"的历史，史良被卷入时代的洪流之中。史良的一生有许多值得我们学习的地方。不仅在政治上，她始终追求真理，不断进步，坚持与共产党风雨同舟，并肩战斗，革命立场坚定；在待人接物上，她和蔼可亲，平易近人，善于团结同志。她生于民族忧患，死于祖国中兴，她的一生记录了中国知识分子和中国妇女的苦难与欢欣。

打破这个"鬼的世界"

【名言】

生在这种无法无天的国家，不说我们没有权参加政治，连我们说话也不自由，出版也不自由，集会也不自由，结社也不自由，信仰也不自由……这是鬼的世界，不是人的世界。

——王造时

【故事】

我们现在看到的七君子的排名是沈钧儒、章乃器、邹韬奋、史良、李公朴、王造时、沙千里。王造时排名倒数第二。而在 1936 年法庭公诉书和报纸上七君子排名的顺序均是沈钧儒、王造时、李公朴、沙千里、章乃器、邹韬奋、史良。王造时排名第二。由此可见，当年王造时在七君子中的声望是很高的，而当时他年仅而立，是"七君子"中最年轻的一位。当时国统区的知识分子，纷纷以一睹其风采为荣。

王造时从小聪慧好学，过目成诵，被乡人誉为"神童"。不到 14 岁，他便以江西省前五名的优异成绩考入了北京清华留美预备学校。在清华读了八年书，于 1925 年毕业后，赴美国威斯康辛大学留学。在不到五年的时间里，他先后取得了学士、硕士和博士学位。1930 年，27 岁的王博士回国，被上海光华大学聘任为文学院院长兼政治系主任，同时在中国公学兼任教授及复旦大学教授。此后，他长期从事教学与写作，也办过刊物、当过律师，而且积极投身到爱国运动中。

王造时为人正直，胸怀坦荡，他不畏强权，敢于挺身而出，不怕担

21

风险，留下了不少佳话。

1923 年 10 月，北京清华园举行"双十节"国庆大会，学校特邀在清华担任国学讲座的著名学者梁启超来演讲，他讲的题目是"我对双十节的感想"。演讲中，梁启超大肆攻击孙中山和国民党："中华民国之所以闹到这样乱七八糟的地步，国民党是要负重大责任的……"当时仍是学生的王造时听后心里非常气愤，回到宿舍即挑灯疾书，写了一篇反驳文章，题目是《梁公讲学的态度与我听讲的态度》，发表在《清华周刊》上。文章的开头与结尾都用了下面两句话："对于讲学问的梁任公先生，我是十二万分的钦佩；对于谈政治的梁任公先生，我是十二万分的怀疑。"王造时的文章笔锋犀利，思想深刻。他说："在混混沌沌、黑白不分的中国，我们纯洁无辜的青年，已经不知受了多少这些造谣生事者的暗示，在腥风血雨、麻木不仁的北京，我们纯洁无辜的青年，已经不知受了多少这些颠倒是非的压迫。在天真浪漫、不知世故的清华，我们纯洁无辜的青年，已经患了近视病、盲目病，若再有人在这里指鹿为马，那么我们的病将入膏肓，而不可救药了。"

王造时还直截了当地揭露梁启超：一贯反对孙中山先生领导的民主革命，并拥护袁世凯，出任袁政府的司法总长。袁世凯倒台后，又组织宪法研究会，出任段祺瑞政府的财政总长。王造时驳斥说："中华民国之所以闹到这样乱七八糟的地步绝不是孙中山和国民党，而是梁任公先生和那些勾结北洋军阀，以及热衷于搞派系的保皇党人物。"

文章刊出后，梁启超大为震惊："一个毛孩子学生，竟敢与我分庭抗礼，这简直不可想象！"他立即打电话询问清华校长曹云祥，究竟是怎么回事？曹云祥乱了手脚，气急败坏地把王造时找到办公室，吹胡子瞪眼睛地大骂王造时道："不知天高地厚，竟敢写文章骂梁任公先生，该当何罪？"令王造时写下深刻的悔过书，并向梁启超道歉赔罪，否则将以侮辱师长的罪过开除学籍。

王造时平静地听完，耸耸肩膀说："在学校我是学生，在社会上我是公民；梁先生可以谈国事，我王造时也可以谈国事；梁先生可以批评孙中山和国民党，我也可以批评梁启超和研究系。请问：'错在哪里，罪在何处？'""大胆！"曹云祥一声断喝，想以势压人，并以开除学籍来威胁他。

王造时经过五四运动的洗礼，当然不吃这一套，他针锋相对地说："如果你敢开除我的学籍，我就要向社会呼吁，向法庭控诉。曹校长，清华园三赶校长的校史你不是不知道，如果真敢开除我，你自己的后果也不会很好。"

自 1919 年起，仅仅四年时间，曹云祥已是清华的第四任校长了。第一任张煜全，在位不称职，整天睡大觉，学生们说他是"垂床听政"；第二任罗忠治，长期患病，难以胜任工作；第三任金帮正，作风不民主，压制打击学生。三个校长都被学生"礼送"了，曹云祥自有前车之鉴。再说，曹云祥也早有耳闻，清华园内有江西"三只虎"，他们是张国焘、王造时、段锡朋，如今的对手就是"三虎"之一。这位来自江西山区安福县的布衣学生，在清华园里十分积极。从二年级开始，王造时就一直是学生中的领袖，先后担任过清华学生会宣传部长、评议会主席、干事会主席、级长、校际辩论员，"仁社"社长等职，在学生中颇有威望，要对付他，谈何容易。于是，曹云祥只好与王造时和解，让王造时同他一起去梁先生家谈谈，这样大家都好下台。王造时说："我没有过错，也不是我对他不尊，而是是非上的争论。我在想，梁启超积极宣传封建主义的复古思想，我还要写文章批驳他呢。"

没过几天，在国民党北京党部主办的《时言报》上发表了《清华周刊》王造时写的那篇文章，特地加上了"研究系包办华北教育的反响"的按语在头版头条，弄得满城风雨。自此之后，曹云祥怕把事情闹大，再也不敢找王造时的麻烦了。随后，梁启超也辞去了国学讲座的聘请，离开了清华园。

1935 年 11 月，王造时加入了教育界救国联合会，1936 年 5 月加入全国各界救国联合会，担任常务理事兼宣传部长。作为救国会的主要负责人之一，他写宣言、作演出、著文章、主持会议，做了大量工作。同

民主篇

年 11 月，他与救国会的其他六位领导人先后被国民政府逮捕入狱，人称"七君子"事件。

起初，他们被押在上海租界的巡捕房里，不久又被转送到苏州江苏高等法院的看守所。在狱中，王造时被推举为文书部主任。在"七君子"中他是年纪最小的一位，刚过 33 岁。在狱中，他和其他几位君子无话不谈，有时也谈到如果把他们几个人绑出去枪毙，他们应该怎么办？大家回答是应该一致地从容就义，临刑的时候一起高呼：打倒日本帝国主义！民族解放万岁！

审讯是在苏州江苏高等法院进行的。审问时，审判长朱宗周问："被告王造时，你们为什么要鼓动上海日本纱厂工人罢工？"王造时义正词严地回答："审判长先生，日本纱厂的工人，也是我们的同胞，我们怎么不应该援助他们呢？他们也是审判长先生的同胞，审判长先生为什么对自己的同胞毫无同情心，一味替日本资本家说话呢？"继而，他还驳斥了审判长提出的其他问题。王造时虽然是站在被告席上，他的观点、立场，他那慷慨激昂的演讲，反倒使审判长成了理屈词穷的被告。

王造时等"七君子"不仅能在牢中吟诗、作文、下棋、玩笑，打太极拳，而且在牢外，"君子们"的狱中生活更是被写成新闻报道和拍成新闻照片，被登载在许多报纸日日都有的"七君子起居注"专栏中。

1937 年 7 月 31 日，通过各界声援、抗议和营救，"七君子"胜利地步出了看守所的铁门。

【解读】

历史告诉我们，民族的自由平等是争取得来的，而不是人家馈赠的。于是，王造时写下了这样一段话回赠监狱："事到如今，战争是不可逃避的了。只有在抗战的血光中能找到我们民族的新生命。"

民主的忠实信徒

【名言】

凡是不给别人自由的人，他们自己就不应该得到自由，而且在公正的上帝统治下，他们也是不能够长远地保持住自由的。

——林 肯

【故事】

柳亚子是中国国民党坚定的左派，又是中国共产党忠实的朋友。他一生追随孙中山，又服膺毛泽东。在几十年的风云变幻中，他始终坚持真理，爱憎分明，与共产党人同舟共济，肝胆相照，同各种反动分裂势力进行了坚决激烈、始终不懈的斗争，为维护国共合作，争取中国革命的最后胜利做出了突出的贡献。早在解放前夕，谢觉哉就高度评价了柳亚子的这一历史功绩，称他与宋庆龄、何香凝为"党国三仁"。

青年时代的柳亚子，曾积极参加辛亥革命，以诗文为武器，鼓荡新潮。然而，辛亥革命却最终以袁世凯窃位而告失败，中国仍旧处在帝国主义和封建主义的压迫之下，反帝反封建的历史任务并没有完成。

中国革命的出路在哪里？柳亚子陷入了长期的、痛苦的思索之中。这时候，马克思主义理论传入我国，进步的知识文化界开始酝酿新的思潮，《新青年》杂志应运而生。陈独秀、李大钊等革命知识分子，公开举起民主与科学的旗帜，提出了"打倒孔家店"的口号，可谓惊世骇俗、振聋发聩，因而引起守旧势力的恐慌和仇视。一时间，反对声浪嚣然盈耳。然而，柳亚子却敏锐地从中看出了希望的曙光，他为之瞩目，

民主篇

又为之欣喜。

1916年12月，南社社友徐梦欧拉他赞同立"孔教"为"国教"，并发起"国教请愿"时，他立即回信，断然拒绝：

"关于国教请愿之事，我绝对地反对，其实，我也是坚决主张打倒孔家店的。希望你不要找我来做这种逆历史潮流而动的事。"

他还坚定地说："你的事我没法阻止你，你认为行尽可以去做吧，但不要把我牵扯进去。虽同是南社社友，但事实已经证明，我们的想法不一致。道不同，不与谋。望自重！此信即为警告，若再做那些借我之名，做你想做而我极为鄙视的事，我当提起诉讼，至要至要。"

南社是他1909年与高旭等人创办的近代中国第一个革命文学团体，因含有"反抗北庭"之意，故名。南社兴旺时期，社员曾发展到200多人，时人把它看成同盟会的宣传部。但辛亥革命后，南社发生了很大的分化，有的隐退，有的颓废，有的与反动势力同流合污。这使柳亚子感到非常惋惜。

1919年五四运动爆发后，马克思主义理论和社会主义学说得到了更加广泛的传播，它标志着反帝反封建的资产阶级民主革命发展到了一个全新的历史阶段。柳亚子曾说："这是中国文化史上开宗明义的第一章，比戊戌变法和辛亥革命彻底多了。"他很快吸收了许多新思想。这一年，他编辑成了《吴根越角集》。他在后记中说："我醉心于马克思主义的学说，以及布尔什维克主义。"1922年，他撰写了《乐国吟后序》，自署"李宁私淑弟子"（李宁即列宁），并以此六字刻作印章一颗，明确地表示了对无产阶级革命导师的敬仰之情。

1923年4月，柳亚子在家乡创办了《新黎里》半月刊，自任总编辑。他在《发刊词》中宣布：

从前种种，譬如昨日死，以后种种，譬如今日生，此日新又新之说也。潮流澎湃，一日千里，吞养吐炭，舍故取新，苟非力自振拔，猛勇精进，欲不为时代之落伍者，乌可得哉！

他在《新黎里》上先后发表《劳动纪念特刊宣言》、《劳动问题和中国》、《劳工与劳农》等文章，宣传社会主义，鼓吹新文化运动。这年夏天，当地劣绅向江苏省政府告发柳亚子为"过激党"，致使《新黎里》一度停刊。

这时候，柳亚子鉴于南社已经落伍于时代，为追随潮流，便与叶楚伧、陈望道发起组织了新南社。新南社于1923年10月正式成立。柳亚子当选为社长。叶楚伧撰写了《新南社组织大纲》，规定了新南社的宗旨：

1. 整理国学；

2. 引纳新潮；

3. 提倡人类的气节；

4. 发挥民族的精神。

柳亚子犹嫌不足，又亲自写了《新南社成立布告》，明确提出："新南社的精神是鼓吹三民主义，提倡民众文学，而归结到社会主义的实行。"对最末一句，叶楚伧颇为不满，提醒柳亚子："我们不能过于激进，弄不好又惹火烧身。"

柳亚子未予理会，我行我素，对陈望道说："我左得厉害，也有右得厉害的人啊。"

新南社成立不久，廖仲恺、何香凝，以及新文学作家沈雁冰、刘大白，青年画家叶天底都加入了进来。新南社实际上是在中国共产党的直接影响下，以国民党左派为骨干的、统一战线性质的新文学团体。

【解读】

柳亚子是著名的民主主义战士，也是著名的爱国主义诗人，是南社的发起人和组织者之一，也是南社的主要代表人物。柳亚子受过西欧民主思想的熏陶，崇拜卢梭，曾将自己的名字改为"人权"，字"亚卢"，即亚洲的卢梭。1903年，他写过一首长诗《放歌》，其中一段道："我思欧人种，贤哲用斗量。私心窃景仰，二圣难颉颃。卢梭第一人，铜像巍天阊。《民约》创鸿著，大义君民昌。胚胎革命军，一扫秕与糠。百年来欧陆，幸福日恢张。继者斯宾塞，女界赖一匡，平权富想象，公理方翔翔。谬种辟前人，妄诩解剖详。智慧用益出，大哉言煌煌。"他曾在报刊上宣传卢梭的民约论，提倡民主主义，反对君主立宪制。

用鲜血浇灌革命的种子

【名言】

国人无爱国心者，其国恒亡。

——李大钊

【故事】

李大钊是中国共产主义的先驱、伟大的马克思主义者、杰出的无产阶级革命家、中国共产党的主要创始人之一，他不仅是我党早期卓越的领导人，而且是学识渊博、勇于开拓的著名学者，在中国共产主义运动和民族解放的事业中，占有崇高的历史地位。

1926 年 3 月，日本帝国主义侵犯天津大沽口，国民党被迫还击，击中了日本军舰。日本政府不但不对侵略行为认罪，而且公然要求中国赔礼道歉、赔偿损失，腐败的段祺瑞政府竟然全部接受了日本政府的无理要求。在中国共产党的创始人之一李大钊的领导下，北京五千名群众在天安门召开了抗议大会。会后，李大钊亲自举起一面红旗，走在队伍中间，到铁狮子胡同段祺瑞执政府门前示威。游行队伍来到段祺瑞执政府门口，段祺瑞执政府开枪扫射示威群众。女子师范大学的学生刘和珍、史家胡同小学的学生周正铭等四十七人惨遭杀害。面对反动政府的血腥镇压,李大钊为了使革命群众减少损失,不顾个人安危,冒着枪林弹雨,指挥示威群众疏散。当他看到几个受了重伤的青年倒在地上时,便一个个地把他们搀扶起来,组织力量把他们送走。直到绝大部分群众脱离危险后,李大钊才随着群众朝胡同东口走去。兵警见到他,用枪口对着他的胸膛,厉声喝道:"你是干什么的?""我是做买卖的。"李大钊从容不迫地回答。当时李大钊穿着长袍马褂,微胖的脸庞留着八字胡,并戴着一副眼镜,很像商人的样子。兵警信以为真,便用力搡了一下他的肩膀说:"做买卖到这儿来,找死啊!还不快走!"李大钊机智地通过了敌人的检查。当天夜里,李大钊召集了北京党组织的紧急会议,研究部署了新的战斗计划。

1927年4月6日,李大钊被军阀张作霖逮捕了,关在京师警察厅拘留所里。敌人对他软硬兼施,妄图逼他供出党的机密。李大钊坚贞不屈,不仅没有透露一点党的机密,他的"供词"却成了一篇宣传马克思主义必胜的宣言书。敌人对他施用了种种酷刑,并用竹签扎他的十指。剧烈的疼痛折磨着他,手指骨都碎裂了。酷刑折磨得他死去活来,敌人却没有得到一点东西,只得把他押回牢房。

在拘留所里,李大钊不放过一切斗争机会,他领导被捕的难友进行狱中斗争;他向监狱的看守宣传革命。一个看守同情革命,李大钊把他争取过来,让他帮助传送消息。一天傍晚,这个看守悄悄地塞给李大钊一封信。他打开一看,是党组织写来的。信里说,北方铁路工人知道他被捕后受了毒刑,义愤填膺,强烈要求组织一支武装,化装潜入北京,打进京师警察厅看守所,营救他和同志们出狱。党组织来信征求他的意见。李大钊感到无限欣慰,因为工人同他心连着心,但他毅然拿起笔,借着从铁窗外透进来的暗淡光线写了回信。信中写道:"……这种行动自然是工人同志的革命精神和对党对我的爱戴,但今天完全没有可能实现这种计划,拘留所处于重重武装戒备之中。我个人为革命为党而牺牲是光荣的,这已经是党的损失了。我不能再要同志们来作冒险的事业,而耗费革命力量。"当党组织把李大钊的意见转告给铁路工人的时候，工人们都为自己领袖的高尚品德而感动落泪。

1927年4月28日，敌人用绞刑杀害了李大钊等二十位革命同志。李大钊视死如归，大义凛然，从容不迫，缓步登上刑台。当刽子手把绞绳套在他脖子上的时候，他面对十九位即将遇难的同志，发表了最后一次简短的演说："我们宣传的马克思主义，已经培养了许多革命同志，如同红花的种子撒遍全国各地。这种子需要用鲜血浇灌，他们会开出艳丽的花。我深信：共产主义必将得到光荣的胜利，将来的环球，必定是赤旗的世界。"临刑前，李大钊慷慨激昂地说："不能因为反动派今天绞死了我，就绞死了伟大的共产主义，共产主义在中国必然得到光辉的胜利。"

【解读】

北京香山万安公墓内的李大钊烈士陵园，是根据中共中央的决定修建的。在墓碑上有中共中央撰写的碑文。碑文指出：李大钊同志是中国最早的马克思主义者和共产主义者，是中国共产党的主要创始人之一。他对中国人民的解放事业，对马克思主义的信仰和无产阶级的革命前途无限忠诚。他为在我国开创和发展共产主义运动的大无畏的献身精神，永远是一切革命者的光辉典范。

平易近人的校长

【名言】

与其守成法，毋宁尚自然；与其求划一，毋宁展个性。

——蔡元培

【故事】

1916 年冬季，蔡元培先生就任北京大学校长。那时的交通工具很简单，走马上任还需要坐马车，当蔡先生从马车上走下来后，看见学校门口，有许多人在夹道迎接。原来，这是学校的规矩，教师们必须遵循礼仪表示欢迎，随行人员对蔡先生说了句："您请。"蔡元培先生一边向前走，一边脱帽向站在两边欢迎自己的教师们致意，并和颜悦色地对他们点头致谢，还不住地说道："谢谢诸位，大家辛苦了！"教师们见此情景，非常感动，纷纷赞叹道："蔡先生真是一位平易近人的好人啊！"在刚刚推翻封建帝制的民国初期，蔡元培先生抛弃了旧官场上的那套官礼陋习，对普通老百姓谦恭礼让，这种礼待庶人的行为，不能不令人钦佩。

当时，有一个叫马兆北的学生，考取了自己向往已久的北京大学。报到那天，天空晴朗，阳光明媚，马兆北踏着轻快的脚步，走进了北京大学的校门。谁知一进大门，就看见一张公告：凡新生来校报到，一定要交一份由现任的在北京（北平）做官的人的签名盖章的保证书，才能予以注册。

马兆北看完公告以后，欢欣的心情一下子烟消云散，一种被愚弄的感觉顿时涌上了心头。他怀着忿忿不平的心情，给蔡元培校长写了一封信。信中写道："我不远千里而来，原是为了呼吸民主的空气，养成独立自尊的精神。不料还未入学，就强迫我到臭不可闻的官僚面前去磕头求情，未免令我大失所望。我坚决表示，如果一定要交保证书，我就坚决退学。"他的言语中不免流露出对蔡元培先生为首的校方的不满。信寄出去之后，马兆北并没有抱多大的希望，人家本来就是举国上下鼎鼎有名的校长，自己不过是一个名不见经传的新入学的学生，能有什么好的结果呢？不过是借此维护一下自己的自尊，发泄一下心中的愤恨情绪而已。于是，马兆北开始收拾行装，准备踏上自己的新前程。

谁曾想，过了几天，马兆北突然收到一封信，猜了半天也猜不出究竟是谁给自己写的信，打开一看，见开头写着"元材先生"（即马兆北先生），急忙再看看下边的署名，居然是蔡元培校长的亲笔："弟元材谨启"，马兆北激动得差点没喘过气来，平静了一下情绪，急忙细读来信，只见信中写道："查德国各大学，本无保证书制度，但因本校是教授治校，要改变制度，必须由教授会议讨论通过。在未决定前，如先生认为我个人可以作保的话，就请到校长办公室找徐宝璜秘书长代为签字盖章。"

从信中可以看出，蔡元培先生虽然身为一校之长，但他办事绝不擅做主张，独断专行，而是认真遵守学校的规章制度，尊重教授和教授会议所做出的决定，尽管他本人也对交保证书的做法并不赞同。字里行间还表达了蔡元培先生对普通学生发自内心的诚恳之情。马兆北看完信后，心情很不平静：蔡元培校长在百忙之中，竟然对我这样一个不知深浅的无名小卒以礼相待，真是令人刻骨铭心，难以忘怀啊！

蔡元培先生聘请进步学者陈独秀、李大钊、胡适、刘半农等来北大任教的同时，也不排斥有学术造诣的旧派人物，如辜鸿铭、刘师培、黄侃等。他还整顿教师队伍，裁汰不合格的教员，延聘有真才实学的名家。

为了营造浓厚的学术空气和"活泼的精神"，他鼓励学术研究，提倡社团活动。在他的亲自发动和帮助下，各种学术团体和社会团体在北大校园竞相涌现。为将学校办好，他还改革领导体制，实行民主办校、教授治校，设立由校长、各科学长和主任教员等人组成的评议会为全校最高立法机关，各科教授会规划各科教学工作，以及由各科教授会主任组成的校教务处领导全校的教学工作。五四运动前后，蔡元培提倡平民教育，设立平民夜校，同时蔡元培还提倡女权，赞同大学开放女禁，开创了大学男女同校的先河。

在蔡元培的努力下，北京大学焕然一新，成为五四运动的摇篮和中心，马克思主义在中国的发源地，北大成为举世闻名的现代高等学府。

【解读】

蔡元培为发展中国新文化教育事业，建立中国资产阶级民主制度做出了重大贡献，堪称"学界泰斗、人世楷模"。蔡元培是 20 世纪初中国资本主义教育制度的创立者，他提出了"五育"并举的教育方针和"尚自然"、"展个性"的儿童教育主张，明确提出废止忠君、尊孔、尚公、尚武、尚实的封建教育宗旨，倡导以国民教育、实利主义教育为急务，以道德教育为中心，以世界观教育为终极目的，以美育为桥梁的资产阶级民主主义的教育方针，初步建立了资产阶级的新教育体制。

置身民主的"布衣将军"

民主篇

【名言】

置身民主，功在国家。

——毛泽东

【故事】

冯玉祥是中华民国时期著名的大军阀、军事家、爱国将领和民主人士，国民革命军陆军一级上将，蒋介石为政治目的而拜的诸多结拜兄弟之一。

冯玉祥戎马一生，由士兵升至一级上将，所部从一个混成旅发展成为一支拥有数十万人的庞大军队。在 50 余年的军事生涯中，他以治军严、善练兵著称，注重爱国爱民精神教育；强调纪律是军队的命脉，致力整饬军纪并身体力行，赏罚严明；关心爱护士兵，要求官长与士卒共甘苦，以带子弟的心肠去带兵，人称"布衣将军"。

抗战时期，冯将军住在重庆，那里高官云集，普通人不敢当保长。将军毛遂自荐，自当保长。一天，某部队一连士兵进驻该地，连长来找保长办官差，借用民房，借桌椅用具，因不满意而横加指责。将军穿戴如同四川农民装束，向其深施一礼说："大人，辛苦了！这个地方住了许多当官的，差事实在不好办，临时驻防，将就一点吧！"连长一听，大怒道："要你来教训我！你这个保长架子可不小！你都干过什么差事？"将军说："排长、连长也干过，营长、团长也干过。"那位连长起立，略显客气地说："你还干过什么？"冯将军不慌不忙，仍然微笑着说："师长、军长也干过，还干过几天总司令。"连长细看这个大块头，突然如梦初醒，双脚一并说："你是冯副委员长？部下该死，请副委员长处分！"冯玉祥再一鞠躬说："大人请坐！在军委会我是副委员长，在这里我是保长，理应侍候大人。"几句话说得这位连长诚惶诚恐无地自容，匆匆退出。

1927年，爱国将军冯玉祥又入主开封古城，不久即下令：所有军政公教人员及学生一律不准坐洋车，以倡勤俭之风。为察访民情，一天，冯玉祥扮成一个乡下老农，招呼一个车夫道："我想看看城里的景致，看倦了就下车，车钱全听你的。"车夫大喜。冯玉祥上车后说："冯督军又坐镇汴梁了。"没想到，此话一出，即遭车夫破口大骂："再别提他那个老混账！"冯玉祥目瞪口呆，小声问道："这老冯干啥坏事了吗？"车夫忿忿然说："他进城没几天就下禁令，不准有钱人坐洋车，这不是砸俺的饭碗，叫俺喝西北风吗？他光图自己的好名声，却不念俺劳苦人生活艰难！"冯玉祥如梦初醒，马上让车夫送他到督军衙门。快到衙门口时，车夫不敢近前。冯玉祥下车，大踏步走向衙门，只听两旁站岗的士兵高喊："立正敬礼！"冯玉祥嘱咐士兵不要让车夫离去。车夫看这阵势，想悄悄离开。士兵大喊："不要走！"车夫只得停下，壮胆趋前问道："刚才那位是哪位大官的亲戚？"士兵笑答："他是冯督军！"车夫倒抽一口冷气。随后，有一名勤务兵走出衙门，走到车夫面前问："你是拉督军的车夫吗？"车夫哀求道："老总饶命！我该死！我该死!"勤务兵笑道: "督军说很对不起你, 心里很惭愧, 也很难过。他说这 20 块大洋让你拿回去养活家小。"车夫如在梦中, 初不敢接, 经一再推让, 他手捧大洋向衙门深鞠一躬, 洒泪而去。第二天, 那条禁令宣布废止。

【解读】

正如周恩来总理所说, 冯玉祥将军是一位从旧军人转变而成的坚定的民主主义战士。虽然和所有的历史人物一样, 由于政治视野的局限, 在他身上不可避免地存在这样那样的缺陷, 但是瑕不掩瑜, 冯玉祥将军为中国民主事业的贡献将是永垂不朽的。毛泽东热情赞誉冯玉祥将军是"置身民主, 功在国家"。

为民主而战

【名言】

人生自古谁无死, 留取丹心照汗青。

——文天祥

【故事】

李公朴是中国现代伟大的爱国主义者, 坚定的民主战士, 中国民主同盟 (简称民盟) 早期领导人, 杰出的社会教育家。

1935 年的一二·九学生爱国运动震动了全国。为了拯救民族危亡, 各地的爱国救亡组织如雨后春笋般成立。热血沸腾的李公朴先参加了文化界的救国会, 在以后成立的上海各界救国联合会、全国各界救国联合会中, 他都被选为执行委员, 成为救国会的领袖人物之一。满怀爱国热

民主篇

情的李公朴始终站在救亡运动的前列，为了宣传抗日，揭露国民党当局对人民的欺骗，他与其他爱国民主人士一起，到处奔走，进行集会、请愿，向广大民众发表演说，号召大家要为中华民族的解放而斗争。

《大公报》说一二·九运动是"学潮"。李公朴在《读书生活》上发表文章说："现在只有两条路：一条是准备当亡国奴；一条是不愿当亡国奴。前者是我们的敌人，后者是我们的朋友。对朋友可以放弃不同成见，旧账一笔勾销；对敌人绝不容忍，也不怕受任何暗算和谋害。"

1936年10月22日，在为鲁迅先生送葬的大游行中，李公朴站在队伍的最前面，但他和其他民主人士的爱国活动被国民党当局诬蔑为"危害民国"。1936年11月23日凌晨2时，国民党当局逮捕了李公朴及沈钧儒、邹韬奋、史良、沙千里、章乃器、王造时等救国会领导成员七人，制造了震惊中外的"七君子事件"。

在狱中，李公朴始终精神饱满、斗志昂扬。"七君子"在被羁押的八个多月里，只正式开庭审理过两次。每次在法庭上答辩，李公朴都从容不迫，据理力争，态度坚决。当法官或检察官问到"救国会的宣言纲领和宗旨"时，他说："四个大字，抗日救国。"当被指出"联合各党各派就是容共"的问题时，他说："联合各党各派，是九一八以后，国难会议以来，上下的共同主张。内容是化除成见，共同抗日。检察长大惊小怪，竟扯到容共上去了。各党各派，当然是而且首先是国民党。为什么不提国民党，只说共产党？如果说这就是容共，中山先生也主张容共，难道是中山先生错了吗？"对所谓"共产党主张抗日、建立国防政府，救国会的宣言和纲领上也主张抗日，建立抗日政权，这是被共产党利用"的问题，李公朴说："我很奇怪，现在竟有人以为共产党说的话，别人就不能说了。共产党说抗日，难道我们就只能说不抗日吗？共产党说统一，我们就只能说不统一吗？我国四万万人都要求抗日，只有汉奸除外。我相信审判长也是要求抗日的，如说这是被共产党利用，那审判长也是被共产党利用了。不管是谁，只要他坚决抗日，我就心甘情愿被他利用。"他还反问道："如果说救国是'危害民国'，难道卖国才是'保卫民国'吗？如果说呼吁救亡是宣传与三民主义不相容之主义，难道与三民主义相容之主义，是当亡国奴吗？"面对李公朴等"七君子"的凌厉言辞，那些审判他们的法官、检察官和审判长只有面面相觑、无言以对、狼狈不堪的份儿了。卢沟桥事变后，在中国共产党的努力和全国人民的压力下，国民政府不得不于 7 月 31 日下午释放了这些"政治犯"。

出狱后的李公朴继续从事抗日救亡活动，他还为了真理、为了救国到处奔走，他到过山西、华北，也去过延安，他把抗战教育和发动群众结合起来。

他为真理决不怕死，曾对朋友说："我被捕时手枪直对着我，我不怕，我认为最多不过一死，人又有哪个不死的呢？那又有什么可怕！"他在日记中还勉励自己："'春蚕到死丝方尽，蜡炬成灰泪始干'，我们追求真理，服务人群，抗战到底，争取民族解放，均应取此态度。"

【解读】

李公朴的一生，是不断追求真理的一生，是坚持革命、顽强斗争的一生，是忠诚于中华民族进步事业与和平民主事业的一生，是献身中国文化事业和社会教育的一生。李公朴"爱国、民主、进步"的精神不仅具有特定的历史意义，而且具有强烈的现实意义。

教书先生的转变

【名言】

我们不怕死，我们有牺牲的精神！我们随时像李先生一样，前脚跨出大门，后脚就不准备再跨进大门！

——闻一多

【故事】

闻一多是中国现代伟大的爱国主义者，坚定的民主战士，中国民主同盟早期领导人，中国共产党的挚友，诗人和学者。闻一多先生敢于同黑暗势力大胆抗争、热情追求民主的精神，是大家所共知的。这不仅说明他个性的刚烈、刚强，也显示了一个正直的中国知识分子在社会变革时代的献身精神。

1931 年，震惊中外的九一八事变爆发，东北沦陷，在这危急存亡之秋，平津学生纷纷罢课，结队南下赴南京请愿。受此影响，青岛大学学生也于当年 10 月成立了反日救国会，积极筹备南下请愿。青大校方按照教育部的部署，力劝学生放弃请愿，校长杨振声也反复强调学生的爱国行为不要超出学校范围，但学生们对此并未理睬，照样按原计划登上了南下的列车。

对于学生的爱国热情，经历过五四运动的闻一多虽然表示理解却难以苟同，他的立场是坚决站在校方一边的。学生们去南京后，闻一多在校务会上抱着"挥泪斩马谡"的心情主张开除带头的学生，梁实秋对此也表示赞同。虽然他们的建议最后未获通过，为首的学生只落了个"记过"的处分，但闻一多和梁实秋两人在学生中的印象却一落千丈。

第二年春天，青岛大学根据教育部的指令出台了新的《青岛大学学则》，其中专门规定"学生全学程有三种不及格或必修学程二种不及格者令其退学"。学生们特别是参加南下请愿的对此极为不满，认为这是学校有意和他们作对，因而极力表示反对并成立了"非常学生自治会"，组织罢课抵制考试。校长杨振声一怒之下辞职去了北平，校务暂由教务长赵太侔和闻一多、梁实秋掌管。闻、梁二人坚持考试照常进行，并张榜开除了九名"非常学生自治会"的常委。此举更使闻一多和梁实秋成为众矢之的，学生们贴出了"驱逐不学无术的闻一多"、

"闻一多是准法西斯蒂"的标语。更有甚者，学生们还在黑板上画了一只乌龟和一只兔子，标题是"闻一多与梁实秋"，旁边还配打油诗一首："闻一多，闻一多，你一个月拿四百多，一堂课五十分钟，禁得住你呵几呵？"原来闻一多上课时总是不自觉地发出"呵呵"的声音，没想到这也成了学生们讽刺挖苦的目标。闻一多见状哭笑不得，指着黑板上的乌龟和兔子问梁实秋："哪一只是我？"梁实秋神态严肃地回答："任你选择。"言罢，二人相视苦笑。

青大学潮风波使闻一多颇感苦涩和酸楚，他决定离开青岛。1932年夏，闻一多应聘前往母校清华任教，黯然告别了他所深爱的美丽岛城。

1937年7月，全国抗战爆发，由北京大学、清华大学和天津南开大学撤出的1600多名师生经过千里跋涉到达长沙，在拼凑而成的长沙临时大学继续他们的学业。朱自清、闻一多、陈寅恪等一批教授来到长沙。1937年年底，抗日局势继续恶化，长沙的局势也十分危急。教育部通知长沙临时大学准备西迁云南昆明。

1938年2月19日，长沙临时大学的师生在韭菜园圣经书院临时大学召开出发誓师大会，会后即告别了三湘大地。临时大学师生入滇的路线有三条：大多数教师、家眷及部分女同学从长沙乘火车到香港，然后从香港渡海到越南海防，乘火车入滇；经济条件较好的男同学和少数女同学，由长沙乘火车到广西桂林，再由桂林乘汽车途经柳州、南宁、镇南关进入越南，转乘火车入滇——这一路人数最多；而最艰苦的一路，便是从湖南出发，徒步行走到昆明的"湘黔滇旅行团"了。旅行团由267名家庭贫困的男同学和11名中青年教师组成，配有4名军事教官及队医等。他们将跨越湘、黔、滇三省，翻过雪峰山、武陵山、苗岭、乌蒙山等崇山峻岭。

出发之前，每人发军装一套，绑腿、草鞋各一双，油布伞一把，限带行李八千克——主要是路上必需的生活用品。旅行团的最高军事领导，是由湖南省主席张治中推荐的原东北军少将师长黄师岳。闻一多、曾昭抡、李继侗、袁复礼四位教授与学校派出的指导员黄钰生共同组成辅导委员会。

初春阴雨绵绵，200多名中国学子脚踏草鞋，行进在泥泞的湘北大地。头几天还有人打伞，可细雨似乎永不停止地下着，为了行走方便，大家将油布伞往背后一搁，不撑了。棉衣湿透了，到宿营地拢一堆火烘干，第二天再穿。走到桃源县小丘陵地带时，淡淡的薄雾在一望无际的山丘、桃林间飘忽。学生们不由问道："闻先生，当年陶渊明写的那个《桃花源记》，是不是就是这里？"闻一多莞尔一笑："那是一个古代的传说故事，不一定真的是作者所见所闻。不过，在陶渊明的时代，这里已经是相当偏僻的地方了；可我们今天要去的地方，比这个世外桃源还远十万八千里呢！"在这200多人的行军队伍中，闻一多始终是极其独特的一个——他不穿军装，不穿短袄，一路上总是套着那件灰布长衫。无论队伍走到什么地方，人们始终看得见后头跟着一位穿长衫的教书先生。

这年闻一多刚好40岁。他的经历，在他那个年纪的知识分子中间是很有代表性的。五四时期他是清华的学生领袖之一，1922年赴美国留学，回国后成了著名的"新月诗人"和大学教授。这次参加旅行团，是他自己要求的。有学生问他："闻先生，像您这样的大教授，怎么放着火车、轮船不坐，和我们一起受这份罪？"闻一多笑笑说："火车我坐过了，轮船我也坐过了，但对于中国的认识，其实很肤浅。今天，我要用我的脚板，去抚摸祖先经历的沧桑。国难当头，我们这些掉书袋的人，应该重新认识中国了！"

正是心中的这一把火，让闻一多先生把一腔热情献给了心爱的祖国。抗战八年中，他留了一把胡子，发誓不取得抗战的胜利决不剃去，表示了抗战到底的决心。解放战争时期，他积极参与社会政治活动，成为广大革命青年衷心爱戴和无比尊敬的良师益友。

作为争取民主的战士，青年运动的领导人，闻一多先生"说"了。起先，小声说，只有昆明的青年听得到；后来，声音越来越大，他向全国人民呼喊，叫人民起来，反对独裁，争取民主！闻一多，是 20 世纪最有个性的诗人、学者、民主斗士。

【解读】

周恩来在追悼李公朴、闻一多时写道："我谨以最虔诚的信念，向殉道者默誓：心不死，志不绝，和平可期，民主有望，杀人者终必覆灭。"闻一多的一生充满了战斗精神，创作是他为民主而斗争的有力武器，历经诗人、学者、斗士三个阶段，他最后以自己的鲜血和生命谱写了一曲最壮丽的诗篇。

信仰的力量

民
主
篇

【名言】

怀疑与信仰，两者都是必需的。怀疑能把昨天的信仰摧毁，替明天的信仰开路。

——罗曼·罗兰

【故事】

穿越时光的隧道，时间是 1921 年 7 月下旬。13 个风华正茂的年轻人辗转于上海与浙江之间，荡舟嘉兴南湖，在惊险与激情中，一个崭新的政党——中国共产党由此诞生。

7 月 23 日，23 岁的王尽美赶赴上海市望志路（今兴业路），参加中共一大会议。会后，这位原名王瑞俊的佃户子弟，认定解放全人类的共产主义理想是无产阶级"尽善尽美"的社会理想，因此改名"王尽美"，成为职业的革命家。

王尽美的身上有一种特殊的力量，在济南师范学校王尽美研究室负责人蒋爱翠看来，"这是信仰的力量，他以极大的热情忠诚于这个信仰，并不惜把生命奉献出来"。

1918 年春天，20 岁的王尽美第一次到济南，并以第一名的成绩考入了山东省立一师，他的世界由此打开了另一扇门。如果不坚持赴济南求学，王尽美或许只是山东莒县北杏村的一个教书先生。出身佃农的他，幼时家贫，只能在地主私塾陪读，私塾先生见他眉清目秀、聪颖好学，为他起名瑞俊。在枳沟镇高小读书时，他结识了传播民主思想的王新甫先生。"课堂上，他讲黄花岗七十二烈士、铁路风潮、武昌起义等故事，也介绍《革命军》、《天演论》、《民报》等进步书刊。"毋庸置疑，这些进步思想触动了这颗年轻的心。

入校后不久，王尽美极佳的口才、横溢的文采以及事必躬亲的责任心，让他在 1919 年五四运动的洪流中脱颖而出。同学们推选他当代表，联络济南其他学校的学生，去砸昌言报馆，惩罚出卖国家民族利益的汉奸文人。

在山海关铁路大罢工中，王尽美以学徒的身份深入工厂。他白天跟工人一起抡大锤，晚上办工人夜校，下课后还要写工人罢工活动的函电、传真、宣言及新闻报道材料等，常常废寝忘食。这为他以后的肺病埋下了隐患。1925 年，王尽美在参与组织胶济线大罢工时，终因劳碌过度开始咳血。演讲时经常咳嗽吐血，他却偷藏一块手绢，咳血时就擦掉血渍继续演讲，尽管脸色苍白，却依然声如洪钟。

在 13 位一大代表中，王尽美是最早也是最年轻就离开人世的，也是留下文字资料、图像和生活物品最少的一位。到目前为止，关于王尽美的照片，全国只有一张，和王尽美次子王杰挂在家中墙壁上的照片一模一样。这张唯一的照片背后，有一个鲜为人知的故事。

王尽美逝世后，他的家中遭到两次洗劫，一次是土匪刘黑七占领本村时抄家，再一次是日本鬼子扫荡时的洗劫，所以王尽美没留下多少遗物。"这张珍贵的照片，先由祖母藏在一个饭盒里放在草垛中，后又把照片缝在破棉袄里穿在身上，为了躲避战乱，祖母又用纸包好，把照片塞进房间的土墙缝里，并用泥土封好进行了伪装。"王杰说。直到1949年，毛主席对参加第一届全国政协会议的山东代表马宝三同志深情地说："革命胜利了，不能忘记老同志，你们山东要把王尽美、邓恩铭烈士的历史搞好，要收集他们的遗物。"会后，马宝三同志来到北杏村找到王尽美的母亲说明来意，她才将用泥土封糊在墙里面的王尽美的一张照片取出，交给了马宝三，后来省委专门整理三份材料，连同照片送到了北京。不久，毛主席见到王尽美这张照片后十分高兴地说："就是他——'王大耳朵'王尽美！"王杰说，从此以后，党中央就将他父亲唯一保存下来的照片陈列到中共一大上海旧址会议室里。

【解读】

"大江东去，浪淘尽，千古风流人物"，一代志士王尽美为革命抛头颅、洒热血，将一份赤子丹心融化在这莽莽齐鲁大地上，用青春和热情点燃了共产主义的胜利之火。

忠诚的革命闯将

【名言】

我信仰民主政体，因为它使每个人都能发挥出自己的能力。

——伍·威尔逊

【故事】

邓演达是杰出的国民党革命派领袖，中国农工民主党创始人。在孙

民主篇

43

中山的革命军队中，他是一个年轻有为的军官，后成为黄埔军校和北伐军的重要领导人。孙中山逝世后，他坚持革命立场，与蒋介石等进行了不妥协的斗争。当革命遭受严重挫折时，他组织领导了新的革命组织，不幸被捕遇害。邓演达具有卓越的才能和坚定的意志，是一位杰出的革命家。

邓演达出生在农村。童年时代，他就在本村读书，学习很好。他还是个勇敢勤快的孩子，经常和小伙伴们跳到河里游泳嬉水，或者骑在水牛背上放牧，帮大人干活。老师和村里的人都说："邓家这孩子聪明好学，又踏实能干，日后一定有出息。"

邓演达从军校毕业后不久，就到南方参加了孙中山的革命军队，当了工兵营营长。不料在 1922 年，广东军阀陈炯明发动叛乱，占领了广州城。孙中山被迫逃往上海。在这危急时刻，革命军人应该怎么办？邓演达虽然只是个营长，却表现得非常镇静勇敢。他说："我们要找中山先生请示下一步行动。""好。就让邓演达去吧！"大家都这样说。

邓演达迅速赶到上海，见到了孙中山。"先生，广东革命军人拥护您的事业。请下命令吧！""你们要团结革命将士，举兵讨伐陈炯明，夺回广州！"孙中山说。"好，我这就回去组织！"

邓演达回到广州，很快联络起各路军队，组成讨贼军，策划反陈行动。他被推举为前敌总指挥。陈炯明知道后，命令部下叶举阻止邓演达的部队。叶举是邓演达的同乡，为了摸底，他约请邓演达会面，对他说："你我是同乡，应该同心协力，为广东人谋利益，可不要策划起兵啊！""那个当然。"邓演达不动声色地说。"那就请你饮下血酒，对天发誓吧！"邓演达站起来，高举酒杯，语意双关地说："我邓演达如果有对不住广东人民的事，天诛地灭！"叶举见他饮下血酒，这才放心。哪知，邓演达连夜集结部队，宣读了孙中山的命令，开始了讨陈的战斗。经过激战，陈炯明失败了。孙中山重返广州，对年轻的邓演达十分赞赏。他后来成为继邓铿之后，又一员忠勇的将领，倍受孙中山重用。

邓演达不但是军人的模范，还是一个有政治远见的人。他非常赞成孙中山的革命政策，并且认真执行。孙中山去世、廖仲恺遇害以后，他和宋庆龄等一起，继续捍卫孙中山的政策，成为国民党革命派的主要代表人物。

1926年年初，在国民党第二次全国代表大会上，刚从国外访问回来的邓演达坚决反对右派们反对国共合作和工农运动的言行。他发言说："我们进行国民革命，任务是反帝反封建争取民族解放，这就要实行大联合，构成统一阵线，工农大众是主力军。任何人违反这一原则，都是离开革命阵线，而成为革命的对象。"

对于蒋介石，邓演达很早就保持警惕了。当时，蒋介石一方面发誓要支持工农运动，团结共产党，以左派自居；一方面又暗中排挤共产党，为自己独裁作准备。1926年，蒋介石一手制造了"中山舰事件"，造谣说共产党要暴动，然后把共产党人从军校中排挤出来。已经担任黄埔军校教育长的邓演达听说后，十分气愤，马上找到蒋介石说："现在反革命分子到处散布谣言，制造混乱。你这样做，破坏了团结，削弱了革命力量啊！""有人反对我！我要以防不测！"蒋介石说。"你说的不是事实！"邓演达说明了事实真相，又严肃地劝说蒋介石，"你要以大局为重，站在进步力量的一边，不要做不利于革命的事。"蒋介石后来虽然承认自己做得不对，但他看出邓演达和自己不是一条心，开始对他产生了敌意。

邓演达也看出蒋介石是个阴谋家，不可靠。他为革命的前途和共产党员的安全担心，后来的事实，证明邓演达的预见是十分正确的。

1931年8月17日，邓演达正在一个起义训练班上讲话，叛徒出卖了他。一伙特务和外国巡捕闯进来，嚎叫着要逮捕他。邓演达非常镇静地说："我是邓演达，要抓就抓我一个人，不要牵涉他们。"他被逮捕后，租界当局审问他："你是不是第三党领袖？""我是！""为什么反对政府？你是不是共产党？""我不是共产党，但是我要革命，因为蒋介石背叛了三民主义，投降帝国主义！"

蒋介石得知邓演达被捕，马上命令把他引渡过来，押到南京。押送队长很敬佩邓演达，悄悄对他说："你在半路上逃走了吧！""我逃走，你怎么去交差？""我也不戴这顶乌纱帽了！"

邓演达想了想说："我没罪，蒋介石要杀我没根据。如果逃走，反倒成了逃犯，会死得不明不白了。"他没有逃走，却想不到蒋介石早已决定杀害他了。蒋介石先让人劝他放弃自己的主张，说只要同意合作，可以让他当总参谋长等大官。这些，当然遭到了拒绝。

蒋介石又亲自和邓演达谈话："我今天请你来，是想消除你我多年的误会，与你合作。现在日本人占领了东北，你有何感想？""感想当然有，"邓演达说，"要不是你背逆孙中山先生遗教，连年打内战，弄得民穷财尽，日本敢这么猖狂吗？"

这时候，黄埔军校的许多毕业生联名要求释放他们的教育长，而反对蒋介石独裁统治的国民党内部各派也在逼蒋介石下台。蒋介石感到留着邓演达对自己非常不利：一旦自己下台，威望很高的邓演达很可能被推为新的领袖。于是，他赶紧下了秘密处决邓演达的命令。

11 月 29 日，蒋介石的卫队把邓演达接出来，说要把他转移到汤山去。汽车开到南京城东门外，他们又说汽车坏了，让邓演达下车。邓演达信以为真，走出了车门。这时候，身边的士兵开了枪。年仅 36 岁的邓演达倒在了血泊中。

邓演达的牺牲，是中国革命的重大损失。消息传出后，革命者和人民大众都谴责蒋介石的暴行。宋庆龄当着蒋介石的面掀翻了茶桌，怒斥他"残害忠良，祸国殃民"。

【解读】

邓演达墓，位于南京中山门外灵谷寺旁，陵墓座北面南，是江苏省文物保护单位。邓演达创立的中国国民党临时行动委员会，后来改名为中国农工民主党，继续着邓演达的革命事业，成为中国共产党的战友、民主党派之一。

为民主奔走的战士

【名言】

富贵不能淫，贫贱不能移，威武不能屈，此之谓大丈夫。

——《孟子》

【故事】

吴晗在研究明史的道路上不断发展，不断完善，取得了累累硕果。他没有留过洋，但凭着个人的聪明和勤奋，29 岁就当上了教授。

但是，吴晗生活在一个特殊的时代，国民党统治全国，政治独裁，经济衰退，文化荒芜。落后就要挨打，东邻日本常怀觊觎之心，终于在 1937 年 7 月发动了准备完全灭亡中国的"七七事变"。吴晗对国民党当局万分不满地说："东北沦陷，不抵抗；华北特殊化仍不抵抗。日本节节进逼，没有止境。看来，南京、武汉也将为北平之续。蒋介石只顾打内战，不管民族的存亡，至有今日。"两个月后，吴晗含泪离开北平南下，到云南大学任教。在云大，日机随时来轰炸，货币贬值，物价上涨，虽为知名教授，吴晗的日子同样不好过，吴晗既悲且愤，在一份《自传》里写道：

从 1937 年到 1940 年，我还是和在清华时一样，埋头做学问，不过问政治，1940 年以后，政治来过问我了。

1940 年，吴晗出于对母校的偏爱，从云大转到西南联大，这里爱

民主篇

国反蒋抗日斗争的气氛异常活跃，吴晗内心深处的爱国主义情感终于被周围火热的激情点燃了，转而形成了一步步的革命行动。

在讲台上，吴晗经常发牢骚表示不满："国难当头，几本《史记》、《汉书》，或者莎士比亚著作是救不了国的。此前，我进行了那么多考据、补白工作，又有什么用，惭愧啊，惭愧！"

一次，吴晗公开骂国民党："国民党是什么东西，简直是刮民党，祸国殃民。"

有人叫他注意场合，他义愤填膺地说："反正我是个穷教书的，又能把我怎么样。"

这时，中国共产党和民主党派正在西南联大有活动，国民党中央七届十一中全会宣布"准备实施宪政"，这实际上是骗人的。中国共产党和民主党派加紧活动，不少高级知识分子纷纷加入中国共产党和其他民主党派。

1943 年 7 月，吴晗欣喜地加入了中国民主政团同盟，这是吴晗政治生活中的重大转折，使他在思想上发生了质的变化。从此，他接受了共产党的领导，为争取中国的光明和进步做出了卓越的贡献。

吴晗是用笔和历史知识做武器来和敌人进行斗争的。从 1943 年起，他发表了大量匕首投枪般的杂文。他在《论贪污》中尖锐地指出："我们这时代，不应该再讳疾忌医了，更不应该蒙在鼓里自欺欺人了。"词锋所向，十分明白。后来，他又发表了《三百年前的历史教训》，提醒人们"历史是一面镜子"，要用三百年前的南明小朝廷这面镜子来照蒋家王朝，从而不再对它寄予幻想了。

国际国内形势在发生根本性的变化，世界法西斯日暮穷途，而蒋介石国民党仍然奉行积极反共、消极抗日的独裁政策，这使昆明的民主运动继续高涨。

1945 年，五四纪念日快到了，联大师生在中国共产党地下组织的领导下，决定用一周时间举行盛大的五四纪念活动，以便更广泛地发动群众。国民党煞费苦心，严加防范，可阻止不了学生的爱国热情。吴晗活跃在这群血气方刚的学生之中，或作报告，或演讲。五四这一天，他参加了声势浩大的示威游行，走在队伍的前列，一路高呼口号："打倒独裁者！""组织联合政府！""取消特务组织！""要求言论自由！"等等，春城被震动了。斗争把吴晗和青年们紧密联合在一起，青年们把他当做自己的导师，他把青年们的热情和勇敢当作推动自己前进的动力。

1945 年 8 月 15 日，日本帝国主义无条件投降了，中国举国欢庆，但是阵阵鞭炮声掩盖不了蒋介石准备对付共产党的磨刀霍霍的声音，中国的上空又笼罩着内战的阴云。

中国共产党分析了形势，认为民主力量决不能示弱，要利用有利的时机，运用灵活多样的方式作坚决的斗争。基于这种认识，中共云南工委同昆明市基层组织研究，由国立西南联合大学、国立云南大学、私立中法大学和省立英语专科学校（以下简称联大、云大、中法、英专）等四个大学的学生自治会联合召开反内战时事晚会，展开对时局的讨论，反对美蒋制造内战。吴晗积极参加了晚会的筹备工作。11 月 25 日，时事晚会召开，吴晗出席了这次晚会，坐在听众席的最前面。武装军警向会场上空开枪，进行威胁。他走上讲坛对大家说："不要动，坐下来，这是考验我们反内战的决心的时候！"会场安静下来，他又带头一起喊口号："反对内战！""没有自由，毋宁死！"

第二天，昆明国民党中央通讯社报道："本市西门外白泥坡附近，昨晚七时许，发生匪警……"学生们被激怒了，组织罢课抗议，30 多所中等以上学校 3000 多学生参加了罢课。吴晗组织联大的教职工 68 人发表了支持学生罢课的抗议书："集会言论之自由，载在约法，全国人民，同应享受，大学师生，自无例外，且断非地方军政当局所得擅加限制者。"国民党军队包围大学，威胁学生，为帮助学生争取社会的同情和支援，吴晗又代表民盟写了《抗议非法的武装干涉集会自由》一文，刊登在昆明的《民主周刊》上：

反内战何罪，求民主何辜，用荷枪实弹的军警压制学生正

49

当权利与过去军阀有什么两样，人性是不死的，斗争将会永远……

国民党恼羞成怒，狗急跳墙，决定对学生实行血腥的镇压。12月1日上午，特务和军警分头冲进云大、联大等校，肆意殴打学生，甚至投掷手榴弹，屠杀学生，有四人惨遭杀害，几十人受伤。

吴晗目睹这一切，忍不住放声痛哭。血的事实、血的教训，使吴晗决心更勇猛地投入战斗，在参加教师罢教的同时，又用自己得心应手的笔，写了不少直刺蒋介石要害的杂文，其中最为有力的是《一二·一惨案与纪纲》：

> 从十一月二十五日到十二月一日这一周，是中国有史以来最黑暗的一周，是中华民国建国以来最不体面的一周，也是从国民党成立五十年以来最不光明，最被玷污的一周……

昆明的反动派把吴晗视为眼中钉，污蔑他是领了卢布的赤色分子。特务分子到处张贴反动标语，把吴晗的名字改为"吴晗诺夫"，造谣他准备暴动，声言要杀之而后快。师生们担心他的安全，劝他去外国领事馆躲一躲。他坚决地说："干革命就不能怕牺牲，我已做好了准备。"

1946年3月17日，昆明学联为"一二·一"死难四烈士举行了殡葬典礼。这天，天气晴朗，一大早，昆明中等以上学校的师生、工人、店员、农民、社会团体和机关职员等各界人士3万多人齐集联大。11点钟，庄严肃穆的出殡送葬队伍出发了，吴晗和广大师生扶着四烈士的灵车，扛着硕大的横幅："民主信徒"、"你们死了，还有我们"。悲壮的挽歌在空中回响："天在哭，地在号，风唱着催心的悲歌，英勇的烈士啊！你们被谁陷害了？……那是中国的反动者，是中国人民的仇敌，让我们踏着你们的血迹，誓把反动的势力消灭！"

在墓地举行公葬典礼，主祭人、陪祭人就位后，放起爆竹，奏起哀乐，一位学生朗读祭文，吴晗作为陪祭人发表了慷慨激昂的演说："四烈士的墓地已经成了民主的圣地，四烈士的墓地上有'民主种子'四个字……我们要踏着四烈士的血迹前进，直到把反动势力完全消灭。"

【解读】

残酷的现实使吴晗从"读书救国"到"科学救国"的梦想被粉碎。国民党军队在前方一败涂地，四大家族在后方大发国难财；特务遍布，民主自由的影子一点也没有，国不为国，人民处在水深火热之中。吴晗反省自己，逐渐认识到：旧我必须死去，诚然自己是一介书生，不能拿枪战斗，但手中还有一支笔，笔也能当枪使，我要为可爱的祖国独立、人民自由呐喊……

齐鲁大地上的文化战士

【名言】

对人来说，最大的欢乐、最大的幸福是把自己的精神力量奉献给他人。

——苏霍姆林斯基

【故事】

1942 年秋末冬初，日本侵略者在山东实行大规模"扫荡"，山东省战时工作推行委员会（简称战工会）向鲁中撤退，到达对崮峪时已是早晨八九点钟，还没吃早饭，战斗就打响了。我军被八千余敌人包围，敌军将我军压制在东西长约一里、南北不过半里的山头上，敌人集中火力向我军阵地密集扫射、轰击。

在这种情况下，从黎玉、王建安和肖华等领导同志到军区、政府机关干部都行动起来，投入了战斗。李竹如在战斗中表现得沉着勇敢、毫无畏惧。中午，在战斗的间隙，他谈笑自若地鼓动大家：坚持到天黑，一定会胜利突围的。午后，数倍于我方的敌人向我军发起了一次次猛烈的攻击，我方弹药用光，便用刺刀、石头与敌人拼杀，连续打退敌人的八次进攻，一直坚守到黄昏。天黑后我军开始突围，李竹如在翻越山顶的石墙时，被一颗子弹击中头部，壮烈牺牲。那年，他才 37 岁。

李竹如是个遗腹子，其父死后四个月才出生，由母亲抚养长大。他的家在黄河边上，常受河水泛滥之害，家道中落。孤儿寡母又常受欺压，李竹如的求学之路颇为坎坷，因而深感社会黑暗之不平。1919 年下半年，五四爱国运动的浪潮波及了利津县城。8 月间，利津县在济南正谊中学读书的学生季兰芬和利津县立高等小学的教师季树楠，组织县城 350 多名爱国师生，宣传演讲，游行示威。他们张贴标语，高呼"反对媚日卖国"、"废除不平等条约"、"抵制日货，倡用国货"等口号，并砸毁城内洋商的日货。县城里的爱国热潮持续了 20 余天，正在县立高等小学读书的李竹如，也参加了这一爱国运动。五四运动的洗礼，在他少年的心灵中，点燃了爱国主义的火花。

1939 年 5 月，中共中央北方局调李竹如到八路军第一纵队任政治部民运部长。6 月 29 日，李竹如随纵队到达山东沂蒙山区。在鲁中、鲁南、滨海农村，都留下了李竹如的足迹。他吃、住在群众家，熟悉农村的道路、农家的门扉，更非常了解群众的需要和利益。他不满足于一般的宣传鼓动，特别重视实际的工作。秋天到了，山野里一片金黄，丰收在望。这时候，他召集人座谈、商量，如何速收速打速藏，对付敌人的烧、抢、运、买等破坏手段，用武装保卫秋收。冬天来了，大地冰封，农民有一段农闲时间。李竹如让人们利用这段时间，在建立了民主政权或开展了群众工作的地方，对成年男女进行冬学教育，使他们既学识字，又学抗日道理。李竹如善于抓住各种时机，动员和组织群众，使他们团结起来，为自己的利益而斗争。

　　工作是繁重的，多方面的。李竹如在担负的一系列工作中，显示出非凡的组织才能。他利用一切可能的条件，同各方面人士广泛接触，并同国民党中的进步人士打交道，在深入发动群众的同时，争取和团结一切爱国人士。1940年夏天，国民党战地党政委员会点验委员高象九来到鲁南，点验在鲁南的部队。李竹如与高象九曾经同在济南第一乡村师范任教，他利用这一关系，积极宣传中共的抗日主张，揭露国民党顽固派"限共"、"溶共"、"反共"的阴谋，争取高象九，并通过他向国民党部队做工作。高象九去王洪九部队时，李竹如不顾危险，一同前往，准备对王洪九做思想工作。哪知顽固透顶的王洪九，早在村外设下埋伏，一见他们来，立刻打了一排子枪，把走在前边的高象九抓进村去。李竹如骑马走在后面，身边只带了一名警卫员，他沉着、果断地脱离了险境。后来，高象九脱离了国民党，参加了革命。

　　从1940年春天开始，李竹如担任了中共中央山东分局的宣传部长。他主管宣传部以后，十分重视报纸工作，亲自兼任《大众日报》社长。

　　在担任宣传部长期间，根据山东分局的安排，李竹如还在政权机构、统战组织和抗日群众团体中兼任了许多重要的领导职务。这一系列繁重的工作，都显示了李竹如作为一名革命宣传家、组织家的风采和才能。

【解读】

　　李竹如走的是一个革命知识分子所走的战斗道路。他为迎接中国的黎明和革命胜利，贡献了自己的一切；也为山东革命文化的形成发展做出了巨大的贡献。他是齐鲁大地上成长起来的文化战士。他的英雄事迹和文化遗产，是山东革命文化的宝贵财富。

民主篇

民盟的引路人

【名言】

民主使每个人成为自己的主宰。

——詹·拉·洛威尔

【故事】

1947 年 10 月 27 日，国民党当局悍然宣布中国民主同盟为"非法组织"，强令解散。对这种法西斯行径，沈钧儒非常气愤，横眉冷对；而当时民盟内有一部分动摇分子，屈服于国民党的压力，未经会议通过，擅自在 11 月 6 日发表"辞职"、"解散总部"和"停止参与活动"等声明。

沈钧儒领导一部分民盟中央委员，坚决反对向国民党当局妥协投降。他说："民盟一定要继续搞下去，内地不能公开搞，就到香港去搞，我已下定决心去香港，非走不可，万不得已时，就是剃掉胡子也要走。"

那时候，特务时刻都在策划迫害沈钧儒，注意他的行踪，所以，他离开上海，是要冒很大的风险的。但是，沈钧儒威武不屈，经过改装，于 11 月 27 日，秘密离开了上海，辗转到达香港。在这之前，香港的朋友猜测，沈钧儒化装离开上海，很可能会把胡子剃掉。但是在码头上送他的时候，看见他美髯飘飘，风采依旧，不禁佩服不已，都称赞他说："他为了革命，对自己的生死根本没有加以考虑。"

在秘密赴香港前夕，沈钧儒和史良见面，他把到香港后的打算告诉了她，并且让她留在上海继续坚持斗争。他对史良说："你要知道，在反动派面前，不仅需要勇气，而且需要毅力坚持。"

沈钧儒到达香港后，就着手筹备召开民盟三中全会。1948 年 1 月 5 日，民盟三中全会在他的主持下召开了。开幕时，大会发表了《紧急申明》，否认民盟总部的被非法解散，决心重新建立民盟的领导机关，恢复活动，为彻底摧毁南京独裁政府，实现民主、和平、独立的新中国而斗争到底。全会推定沈钧儒以中央常务委员的名义负责领导民盟的工作，通过了《政治报告》和《三中全会宣言》。这两个文件的主要内容有六点：

第一，抗议国民党反动政府迫害民盟的罪行；

第二，严肃批判民盟过去所标榜的"中间路线"，指出这是一种幻想，已经走不通；

第三，坚持一切民主党派要结成坚强的民主统一战线，走中国共产党领导的革命路线；

第四，只有彻底推翻卖国独裁的国民党反动政治集团，才能建立一个真正民主和平的新中国；

第五，坚决反对美帝国主义的援蒋侵华政策；

第六，坚决拥护实行土地政策，消灭封建土地制度，使占人口绝大多数的农民获得解放，这是中国迅速发展工业化、现代化、国家繁荣、民众幸福的前提。

当时，民盟内部的情况非常复杂，在领导成员中，有幻想走第三条路线的中间派，也有想浑水摸鱼以遂个人野心的右派，沈钧儒是坚定地跟着共产党走的左派。在会议上，左右两派的斗争非常激烈，沈钧儒站在左派的立场上，领导民盟大多数成员，不顾一切困难，坚持斗争，终于战胜了右派，引导民盟走上了正确的道路。这次三中全会在中国民盟的历史上，是从中间路线走向革命路线的转折点。

中国共产党在 1948 年的"五一"劳动节发出号召：各民主党派、各人民团体及社会贤达，迅速召开新的政治协商会议，讨论并实现召集人民代表大会，成立民主联合政府。

5月6日，沈钧儒代表中国民主同盟及中国人民救国会致电毛泽东，热烈响应中国共产党中央关于召开新的政治协商会议的号召。

中国民主同盟于6月在香港开展新政协运动，并在14日发表《为开展新政协运动的声明》，指出：今天全中国人民要求建立一个民主、和平、独立、统一的新中国，本盟为开展新政协运动，并促其早日实现，必须发动全国人民，用一切力量来推翻与民众为敌的国民党反动独裁政权，以通过新政协而建立的真正人民的民主联合政府取而代之。

9月，沈钧儒与中国民盟的一部分中央委员，从香港秘密前往东北解放区，参加新政治协商会议的筹备工作。

【解读】

沈钧儒先参加了立宪运动、辛亥革命，后又参与护法运动，致力于新文化运动，五四运动期间撰文提倡新道德、新文化。他从一个科举出身的进士成为一个坚强的民主主义者，进而成为中国共产党的亲密战友和杰出的党外共产主义战士，是我国德高望重的老一辈国家领导人之一。

没有民主，哪有和平？

【名言】

恶德——不和、战争、悲惨；美德——和平、幸福、和谐。

——雪　莱

民主篇

【故事】

经过八年的浴血奋战，中国人民终于赢得了抗日战争的胜利。1946年1月8日，国民党为了平息全国人民反对独裁，要求民主，反对内战，要求和平的怒潮，更重要的是由于发动全国内战的准备尚未完成，被迫在重庆举行了有国民党、共产党、民主同盟的代表及社会贤达参加的全国政治协商会议。

这次政协会议，虽然就和平建国、军队及政府改组、宪法草案、国民大会等问题达成了五个协议，但国民党政府根本没有准备履行的诚意。为了督促国民党履行协议，重庆市的一些政治组织和人民团体，决定于2月10日在重庆较场口召开"陪都各界庆祝政治协商会议成功大会"。

那天上午，重庆的天气阴暗而寒冷，但一大清早，从四面八方涌来较场口的各界群众就达一万多人，他们高唱着：

> 民主，好比那
> 东方的太阳，
> 照耀着全中国，
> 好呀，好光明。
> 没有民主哪会有和平！

整个广场旗帜如海，标语似云。9点30分，在会场热烈的欢呼声和掌声中，李公朴宣布开会。坐在主席台上的马寅初、柳亚子等向全场挥手致意。

突然，一伙身穿黑衣、头戴黑帽、身藏暗器的人冲上了主席台，夺去了扩音器、乱喊乱叫，向主席团的成员大打出手。

很显然，这是国民党当局事先预谋的破坏活动。

刹那间，大会的总指挥李公朴被特务围住，一边打，一边将他拖下主席台，打得李公朴头破血流；郭沫若上前阻挡，胸部被踢伤，眼镜被打落在地；施复亮被打得遍体鳞伤……

原计划在会上发言的马寅初，也惨遭特务的殴打，雨点般的拳头落在他的身上，礼帽被打掉了，额头被打出了血，衣服被撕破，甚至连下午将为别人证婚穿的马褂和长衫也被暴徒抢走了。

特务暴徒们打完主席团的成员后，就举起台上的木凳向人群中乱扔。

这就是中国近代史上闻名中外的"较场口事件"。这个事件暴露了国民党破坏协商会议决议，坚持独裁内战的反动面目。重庆各界参加庆祝会议的团体，专门发表文章揭露"较场口事件"的真相，声讨国民党镇压人民的罪行。

重庆大学爱国运动会主席许显忠得知较场口事件后，当天立即到马寅初家中探望："马先生，伤势如何？"

"没有什么，伤口已经包好！"马寅初气愤地说，"他们用特务来捣乱，真是无耻，吓是吓不倒我们的，我怕死就不讲话，讲话就不怕死。"

第二天，一些进步报纸的记者也到重庆大学马寅初家里，对马寅初表示慰问，并进行了采访。

"在经历较场口事件之后，你有何感想？"记者问马寅初。

马寅初愤然回答："对这个政府原来我主张改革，现在我主张推翻。"

"怎么样推翻呢？"记者接着问道。

"商人罢市罢税，学生罢课，工人罢工，连倒马桶的都罢工，臭死他们。"马寅初滔滔不绝地说。

马寅初的伤还未愈，又到各地去演讲。他在国立艺术专科学校和四川省立教育学院，大讲"为什么要庆祝政协会议成功"，有力地揭露国民党破坏停战协定的阴谋和蒋介石发动内战的罪行。马寅初每次讲话时总是强调说：

"蒋介石一心想消灭共产党，但共产党是消灭不了的，中国的真正希望在中国共产党。"

"较场口事件"后，国民党更加紧了对马寅初的迫害和控制。他们公开宣布了原来对马寅初的三条秘密禁令：不准任公职，不准演讲，不准发表文章，同时便衣特务随时监视他的行动。

马寅初对此只有一个回答：坚决同国民党反动派斗争到底！他照例撰写文章，找进步报刊发表；照例到处发表演讲，揭露四大家族的罪行。

马寅初非常喜欢这两句诗："粉身碎骨全不怕，只留清白在人间。"马寅初无论在怎样艰难和险恶的环境中，都是这样去做的。

国民党反动派对马寅初恨之入骨，继续对他进行迫害。于是，马寅初只好离开重庆，来到杭州、上海。杭州、上海与重庆一样，爱国民主运动如火如荼。他在上海担任中华工商专科学校经济学教授时，又积极投身于上海学生为抗议美军暴行而举行的声势浩大的示威游行行列中。

1946 年 5 月，上海大中学校学生为了声援南京"五二〇惨案"举行罢课，马寅初奋起响应。他还准备去南京中央大学作《穷则变，变则通》的演讲，揭露国民党反动派发动内战、出卖民族利益的罪行。当听到特务扬言"马寅初敢去演讲，就干掉他"的消息时，他不顾同学们的劝阻，表示"不入虎穴，焉得虎子"，毅然前往南京。临行时，他写好遗嘱交给家属，表达了自己要与反动派决一死战的心迹。这一年冬天，他在中华工商专科学校演讲，当发现会场里有特务在骚动时，愤然地说："我晓得人群里就有特务，正用手枪瞄准我的胸膛，我不怕，怕也不会到这里讲话了。"他还大声疾呼："有人骂我当学生尾巴，学生是爱国的，我就要甘当学生的尾巴。"他的演讲，大长了爱国者的志气，大灭了敌人的威风。

1948 年，中共上海地下党组织与他联系，在全国解放前夕，为了他的安全，希望他离开上海去香港。对于党的这样安排，他激动万分，欣然同意。于是，在共产党人的护送下，他安全到达了香港。

黑暗终于过去了，神州大地沐浴在灿烂的阳光之中。马寅初回到了北京。1949 年 10 月 1 日，他与共产党及新中国的领导人一起，站在雄伟壮丽的天安门城楼上，参加了新中国的开国大典。

【解读】

在斗争实践中，马寅初深深感到：中国的希望在中国共产党，只有共产党的领导，中国才能成为独立、民主、富强的国家。他深情地说："人家骂共产党，我就要拥护共产党。共产党来了，我就把四百亩土地捐出来。"马寅初敬仰共产党，爱戴共产党。共产党也处处关心马寅初、爱护马寅初。

民主篇

有第三颗子弹吗？

【名言】

我愿终身为华夏民族社会尽力，并愿使自己成为社会所永久信赖的一个人。

——梁漱溟

【故事】

在中国人民的坚决抗击之下，1945 年 8 月，日本宣布无条件投降了。本来，中国应由此转入和平建设的轨道，可是，蒋介石在美国的支持下，要消灭共产党。人民是绝不要战争的，1946 年 6 月 23 日，上海各界人士 10 余万人举行声势浩大的示威游行，反内战，争和平。然而，国民党当局实行了血腥镇压，当请愿代表到达南京时，在下关车站遭到大批暴徒的围攻和毒打，马叙伦等四人身受重伤。7 月 11 日，国民党特务在昆明街头用美制无声手枪又暗杀了中国民主同盟中央委员李公朴。另一位中央委员、西南联大教授闻一多也倒在了敌人的枪口之下。

梁漱溟在统一建国同志会不了了之后，一度隐居桂林。抗战胜利后，为了促进国共和谈，他出任中国民主同盟秘书长。他四处奔走，竭心尽力，但求和平能够实现，但是蒋介石政策既定，倒行逆施，眼看国内发生了一系列暴行，梁漱溟气愤已极，以个人身份在上海对新闻界发表讲话："现在政治如此黑暗，统治者已经超过法律，用特务手段来恢复统治。李闻两先生，手无寸铁，除以言论表达见解外，别无其他行动。这样的人竟然也要斩尽杀绝。趁早收起宪政民主的话，不要再说，不要再以此欺骗国人了。本来，我个人极想退出现实政治，致力文化工作的，但像今天这个样子，我却无法退却了，要战斗。民主是不死的。国民党特务能把要求民主的人都杀光吗？"

7月22日，梁漱溟等中国民主同盟负责人联名致函国民党政府负责人并转蒋介石，公开要求："政府应立即选派公证人员，与本盟所推派之人员，同赴昆明调查李闻惨案的真相，早日公诸社会。"然而，国民党政府不答应这个要求，只同意一切调查由中国民主同盟自己单独进行，相应给予一些交通的便利和调查时的便利。

调查开始了，国民党特务不断对梁漱溟本人进行恐吓，他不为所动，挺身而出，在记者招待会上公开发表声明："特务们，你们有第三颗子弹吗？我就在这里等待着。"他的凛然正气令人钦佩。

一段时间的紧张工作后，梁漱溟基本上弄清了李闻案的内幕，除收集掌握了大量暴徒的标语、布告之类的物证和部分人证外，他还调查清楚了凶手就是霍揆彰的部下汤时亮。

这件事，使梁漱溟对国民党更加不满，此后，他虽还与国民党及共产党"等距离外交"，但实际上对国民党已经非常厌恶了，对共产党的好感与日俱增。

民主篇

61

【解读】

梁漱溟曾说："我生有涯愿无尽，心期填海力移山。"95 岁的人生，他的身份有：国学大师、社会活动家、哲学家、教育家、思想家、社会改造运动者等。这些身份都已如浮云消散，留存下来、可供流传的，是他的精神、他的思想，是他作为儒者为农民四处奔走，为家国奋力呼吁的行动家的身影。

为民主罹难

民主篇

【名言】

给别人自由和维护自己的自由，两者同样是崇高的事业。

——亚伯拉罕·林肯

【故事】

"砰"的一声，一颗直径不到 1.27 厘米的铅弹头射向林肯头部左侧，从齐耳高、距左耳 7.62 厘米的地方进入了后脑。子弹的路线是斜着穿过大脑朝右眼方向去的，最后停留在右眼眶后几厘米的地方。

1865 年 4 月 14 日晚，林肯偕同夫人乘马车前往剧院，随同陪伴的是亨利·里德·拉思伯恩和他的未婚妻。拉思伯恩是志愿兵少校、陆军部一个颇受信任的武官。负责总统警卫的是约翰·帕克，他的任务是寸步不离总统，严密监视可能暗算总统的任何人。

这一行人在晚上 9 点钟左右进入剧院，由一个引座员带着走向他们的包厢，在座的观众看见或听说总统到来，便一起鼓掌欢迎，许多人都站了起来，有的还发出了欢呼。总统停步向欢迎他的观众们点头致意。舞台上演出的是英国戏剧作家托姆·泰勒14年前的作品《我们美国的表兄弟》。

林肯坐在扶手摇椅上，他只能看到包厢里同他坐在一起的那几个人、舞台上的演员和可能从左边走下舞台的一些人。这个包厢有两道门，靠前边的门锁着。然而这个地方并不像想象的那样保险。在总统身后几厘米便是包厢的后门，除了可以从舞台攀上包厢之外，这道门是进入包厢的唯一出口。门上有个小孔，是那天下午才钻通的，一个"不速之客"用手钻出这个窥视孔的目的，是要站在包厢外面向里窥视总统，然后选择时机溜进包厢。从包厢的这道门出来是一条狭窄的过道，过道的另一头有一道门通往戏院的楼厅。

这两道门是"不速之客"进入总统包厢的必经之路。他在通往楼厅那道门旁的狭窄过道的砖墙上挖掉约5厘米深的泥灰，其用意是想把一根木棍插进砖墙的凹处顶住门，以阻止其他人闯入，防止任何人在他从包厢门上的小孔向里面窥视总统时来干扰他。

指定给约翰·帕克的任务和他份内的职责是以毫不松懈的警惕性，片刻不离地站在或坐在通往包厢的那道门或通往楼厅的那道门旁。不知是在演出换幕的间歇，还是在剧情不够精彩不中约翰·帕克意的时候，或是由于贪饮一小杯随身带的威士忌酒，他离开了楼厅上的岗位，下楼到街上和几个同伴喝酒去了。这种情况给那个正伺机以待的潜伏着的"不速之客"提供了大好的机会。

戏还在继续演着。下一幕是雷鸣海啸，是火山喷发，是最野蛮、最不可想象、最致命和最混乱的悲剧。当这个悲剧传开来时，它空前地震撼了整个世界。

剧院里的观众谁也没有看到这千钧一发之际所发生的事情，只有一个人明了这一瞬间的情况，这就是那个做好了一切准备、伺机而动的"不速之客"。他穿过外面的门进入狭窄的过道，然后把那根结实的细木棍插进砖墙上挖就的凹处，把门顶住。他蹑手蹑脚地摸到包厢门口，轻轻地拉开门，走近他要杀害的人。他右手握着一支铜制的单发大口径小手枪———一种致命的袖珍手枪，左手持着一把匕首，不慌不忙、准确无误地伺机而动。他举起枪，伸直右臂，眯缝着一只眼，瞄准约2米内林肯的脑袋，扣动了扳机。

拉思伯恩少校从椅子上一跃而起，只见一个陌生家伙手攥匕首向他猛扑过来，就像一头张牙舞爪、活蹦乱跳的猛兽，他没带帽子，露着乌黑的浓发，身上穿着一件黑色便装。他恶狠狠地对准拉思伯恩的心窝猛刺过去。拉思伯恩用右上臂挡开刺来的匕首，手臂上挨了深深的一刀，他便向后晃了晃。那个恶虎般的陌生人乘机跨上包厢的围栏。这时拉思伯恩已恢复过来，便又向陌生人直扑过去。那个人发觉拉思伯恩的一只手在后面拽住了他，于是又转身向拉思伯恩猛刺一刀，随后纵身往下跳，但装饰包厢的联邦锦旗缠住了他马靴上的马刺，使他失去了控制。他左脚落地，离脚踝稍微上面一点的胫骨折断了。一些人听到拉思伯恩在喊"逮住那个人！"许多人看见一个人从前排座位跳上舞台，一边追赶那个神秘的陌生人，一边喊着"逮住那个人！"可是，陌生人从跨上包厢围栏跳到舞台上直至逃脱，前后还不到半分钟。

陌生人以惊人的速度从两个演员之间冲过舞台，穿过一个入口处，从入口处的一扇通往一条胡同的小门逃了出去。胡同里站着一匹栗色的骏马，一个反应迟钝的仆役握着缰绳站在那里。陌生人一脚把仆役踢开，翻身上马。人们听见马蹄在石子路上奔跑的嗒嗒声，一会儿就消失了。从陌生人用袖珍手枪射出那一颗子弹到此时，总共才不过是六七十秒钟的光景。

一个女人的尖叫声穿透了整个大厅，有些人后来说那是林肯夫人的声音。这一声尖叫震惊了许多人，使他们毛骨悚然。"他把总统打死了！"人们一下子拥到舞台，越过舞台上的煤气脚灯爬上舞台。过道里挤满了不知往哪儿走才好的观众。

大约200名士兵赶来清查现场。拉思伯恩少校一边叫喊着找医生，一边冲出包厢跑到狭窄的过道上。他不顾受伤的胳膊鲜血直流、疼痛难当，摸索着要拿掉横放在墙壁上和门框之间的那根木棍。一个引座员在门外帮着他，终于把木棍取了下来。这时引座员身后已挤满了一大堆人。他把他们都挡了出去，只让一个留着络腮胡、样子很年轻的人进来了，这个人是23岁的合众国志愿兵助理外科医生查尔斯·利尔。

利尔大夫在别人的帮助下把林肯从椅子上抬起来，平放在地板上。利尔大夫翻起林肯的眼睑，发现有脑损伤的迹象。他迅速扒开被血凝结起来的头发，发现了一处伤口，他清除了凝血块，以减轻对大脑的压力，使林肯有了微弱的呼吸和脉搏。

利尔大夫弯下身，两腿叉开跪在林肯身体两侧，他把两个指头伸进林肯的喉咙，压迫舌根部，并用手指清除喉部积存的分泌物，设法启动林肯的呼吸器官，以刺激他进行呼吸。陆军外科医生查尔斯·萨宾·塔夫脱从舞台上爬到包厢里，还有一名内科医生艾伯特·金也跟着来了。利尔请他们各自摇动林肯的一只手臂，他自己则按压横隔膜和其他部位，以促进心脏跳动。经过一番抢救之后，林肯的脉搏和不均匀的呼吸都有了好转。

然而，利尔大夫认为，林肯由于伤势过重已经虚脱，现在必须千方百计地设法使他的生命维持下来。正如他后来叙述的："我不得不平伏在他身上，胸贴胸、口对口地做人工呼吸，我好几次长长地吸了一口气，然后对准他的嘴和鼻腔强行呼进去，使他的肺部扩张，促进呼吸。过了一会儿，我把耳朵贴在他胸口上，发现他的心脏跳动有了好转。我把身子直起来，跪着观察了片刻，看到总统已经可以自己呼吸，不至于立即死亡。我于是宣布我的诊断：'他的伤是致命的，不可能恢复。'"

医生们决定，现在可以把总统转移到一间屋子里去，稳稳当当地放在床上。四个士兵抬着总统的上身和两脚，塔夫脱大夫抬着右肩，艾伯特·金大夫抬着左肩，利尔大夫抬着头。他们把这位受伤的"人类之友"抬进一个房间，安放在一张简单的木床上，当时的时间是10点45分左右，大概距开枪还不到半小时。

在病人稍许休息之后，大夫们给病人脱下衣服，从头到脚检查了全身，没有发现其他伤口，只是下身冰凉。利尔大夫叫一名医院护理人员拿来热水和毯子，又要来一堆芥末膏，涂在太阳穴和整个身体上。

总统的呼吸渐渐困难，脉搏每分钟44次，很微弱。左眼瞳孔收缩得非常厉害，右眼瞳孔扩大，两眼对光反射完全消失，总统完全失去了知觉，偶尔因呼吸困难而出一口气。在隔壁房间里，林肯夫人由几个妇女陪着，有几次她被通知去见丈夫。其中有一次她对他哭喊着："活下去！你必须活下去！"大夫曾试图找出那颗子弹，但过了一会儿之后，他们认为再找下去也无济于事了。

在总统的病室，曙光从窗外斜射进来，灰白色的光线使室内煤气灯的黄色火焰和其他灯光显得黯然失色，总统眼看就要不行了。

病室外每隔几步就聚集着一堆人，其中有些人已站在那守候了整整一夜，直到黎明。当听说总统很快就要不行了时，每张脸上都露出了极大的悲哀，特别是黑人，也许当时在场的黑人比白人多，完全被悲痛所淹没。

近7点钟时，林肯的体温在变凉，正在跨进那人人最后都得跨进去的冰冷世界。海军部长韦尔斯记述道："林肯夫人马上来见最后一面。长子罗伯特和其他几个人站在床边，罗伯特极力控制着自己，但有两次抑制不住悲伤，大声恸哭起来，转过头去倚在参议员萨姆纳的肩上。"

林肯的最后一次呼吸是在1865年4月15日上午7点21分55秒，最后一次心脏跳动是在7点22分10秒。接着，死神降临在亚伯拉罕·林肯身上。

【解读】

亚伯拉罕·林肯，美国政治家，第16任总统，也是首位共和党籍总统。在其总统任内，美国爆发了内战，史称南北战争。林肯击败了南方的分离势力，废除了奴隶制度，维护了国家的统一，但就在内战结束后不久，林肯不幸遇刺身亡。1865年4月14日晚，林肯在华盛顿的福特剧院遇刺，4月15日身亡。5月4日，林肯葬于橡树岭公墓。一百多年来，林肯受到美国人民的尊敬。由于林肯在美国历史上所起的进步作用，人们称赞他为"新时代国家统治者的楷模"。

消逝的光辉生命

【名言】

自由受到了限制，国家的公共生活就是枯燥的、贫乏的、公式化的，没有成效。这正是因为它通过取消民主而堵塞了一切精神财富和进步的生动活泼的泉源。

——罗莎·卢森堡

【故事】

在印度浦那市的一家报馆里，有两个人正聚精会神地读着从电传机里发出的有关莫罕达斯·卡拉姆昌德·甘地绝食的消息。纳拉扬·阿普选是个十分奸猾的商人，他总是瞪大眼睛寻找能轻而易举地得到几个卢比的机会，好去孟买吃喝嫖赌。他身旁的纳图拉姆·戈德塞与他正相反，他滴酒不沾，衣衫褴褛，身居陋室，不近女色，是个禁欲主义者。

这两个品行迥然不同的人，被一条特殊的纽带连在了一起。他们都痛恨甘地和他的所作所为，认为他提出的"非暴力抵抗"的口号只能给胆小鬼听。戈德塞看着电传机，真有些义愤填膺了。

"阿普选，时候到了，我们一定要杀死他！"戈德塞喊道。

在新德里，甘地的绝食产生了惊人的效果。巴基斯坦的锡克族难民把他们占领的清真寺还给了伊斯兰教徒，一场宗教纠纷平息了。几天前还在广场上斗殴的人们，现在又聚集在那里，盼望知道甘地的身体状

民主篇

况。78 岁高龄的甘地在印度各界的请求下，终于在绝食 121 小时后，于 1 月 18 日停止绝食，起来喝一杯加葡萄糖的桔汁水。"我一生都不会忘记你们大家对我的一番情意，"他对聚集在花园里的人说，"如果我们至少还能记得人的生命只有一次的话，我们也就没有理由互相敌视了。"

这时，有 6 个人钻进了海洋饭店第 40 号房间。他们来到新德里并不是给甘地唱赞歌，而是要置他于死地。纳拉扬·阿普迭和纳图拉姆·戈德塞纠集了 4 个狂热分子作助手，他们是戈德塞的弟弟戈帕尔；巴基斯坦难民马丹拉尔·帕赫尔；饭店老板、酒鬼兼冒险家维什努·卡尔卡雷；武器贩运商迪甘本·巴奇，此人为这次行动准备了武器，一支老式手枪，两颗手榴弹和一枚炸弹。

阿普迭是这个行动小组的智囊，他拟订了一份在比拉大厦刺杀甘地的计划，那里是甘地与公众见面的地方。他把 6 个人中的优秀射击手巴奇安排在大厦的服务人员休息室，那里有个小铁栅栏，正对着甘地每次坐着的地方。戈帕尔跟巴奇在一起，他准备在巴奇射击时，从窗口投出一颗手榴弹。另一颗手榴弹由站在甘地祈祷台前的卡尔卡雷掌握。帕赫尔的任务是把炸弹放置在花园里，以掩护大家撤走。阿普迭和戈德塞将指挥这次行动。

阿普迭最后决定，1 月 20 日下午在甘地会见人民的祈祷仪式上，把他打死。这个会见时间半个世纪以来是雷打不动的，然而阿普迭精心策划的行动流产了。那天，阿普迭因在路上与出租汽车司机讨价还价，迟到了 15 分钟。戈德塞断然拒绝阿普迭为他选择的房间，因为主人是个独眼，戈德塞认为这是不祥之兆。戈帕尔带着手榴弹到达预定位置后，发现那扇窗子实际是个位置很高的通风口，他就是踮着脚也无法投弹。而当帕赫尔看到阿普迭的手势，点燃炸弹时，巴奇却心惊胆战，没敢开枪。几步之外的卡尔卡雷也犹犹豫豫，没有动手。结果，警察逮捕了帕赫尔，是因为他点炸弹时，被一个 3 岁的孩子发现了。甘地向群众解释说，这是军队在进行训练，不必担心，然后安然离去。另外 5 名刺客也随着人群悄悄地溜走了。

半夜，帕赫尔在警察的拷问下，终于供认自己是一个暗杀集团的成员，并供出了几个同伙的情况。按说，这几个嫌疑犯的照片和简况应在几小时内就出现在报刊上和警察局里，以便缉拿归案，但事实并非如此。调查工作一直不力，负责人是个叫桑吉维的老警官，此人即将卸任，对此案件并不关心。他认为那无非是一些失去理智的暴徒干的一件蠢事，不必惊慌失措。至少有一点可以相信，"那些刺客不会再回来了"。

他错了，刺客们又回来了。纳图拉姆·戈德塞、戈帕尔、阿普迭和卡尔卡雷正在孟买郊外一个火车站的一节空车厢中密谋第二次行动。这次他们决定不再全体出动了，而是由戈德塞一人持枪射击，阿普迭和卡尔卡雷作掩护。

第二天早晨 7 点，戈德塞和阿普迭乘飞机飞往新德里。卡尔卡雷已乘火车先走一步。两个人坐在飞机座舱的最后一排，都忙着自己的事情：戈德塞埋头读一本印度极端主义者的书，阿普迭则设法与空中小姐套近乎。

戈德塞和阿普迭在新德里呆了 3 天，一切都准备就绪，只是还有一件事让人不放心。戈德塞会打枪吗？虽然他发誓要杀死甘地，可他毕竟是从未放过一枪的人。于是，阿普迭提议用他们弄到的 20 发子弹来训练一下戈德塞。他们来到郊外一个寺院后面的空地上，选择了一棵树。阿普迭跪在树旁，估计出甘地坐下后的高度，然后在树上画了个圆圈。

"好了，"他对戈德塞说，"那圆圈代表甘地的头，下面是身子，看你能不能打中。"戈德塞向后退了七八步，从腰间拔出手枪，瞄准后连发了 4 枪。阿普迭跑到树前一看，不胜惊讶：四发居然全部命中了"头部"。

1948 年 1 月 30 日，"圣雄"甘地生命的最后一天。这一天一如往常，是在黎明祈祷声中开始的。他那尖细的声音听起来是那样熟悉："既然有生必有死，有死就有生。你就不必为那命中注定的事悲伤。"

早上 7 点，卡尔卡雷和阿普迭去找戈德塞，他们边谈边喝咖啡，待了3个小时。中午时分，该行动了，但还有一点没定下来。很明显，自从上次失败后，警察一定会加强治安工作，对进入大厦的人严加盘查，他们担心被辨认出来。

戈德塞想出了一个主意：买一架大型照相机，像街头摄影师那样，把它支在三角架上，手枪可以藏在里面。戈德塞也可以事先把头蒙在照相机的黑布里，装作给甘地照相，这样就能在警察认出他之前悄悄靠近甘地。

三个人刚要出去找照相机，阿普迭突然又改变了主意。他想，甘地祈祷时，那些拍照的上层人物使用的都是德国或美国造的小相机，没有使用大相机的。三个人不得不重新策划。一个人建议用穆斯林信女祈祷时用的大披巾把戈德塞裹起来，认为这样就不易被人认出了。于是，阿普迭和卡尔卡雷忙上街买来一条最大的披巾，但戈德塞执意不戴，理由是披巾太大，行动不便。"披上这东西我掏不出枪来，"他说，"结果我打不死甘地，倒落个男扮女装的耻辱。"

戈德塞认为，事情不要搞得太复杂，有时候最简单的方法却是最好的方法。把枪藏在腰里，用衣襟遮住，不会出问题的。他往枪里上了6颗子弹，然后插在腰间。

刺客们在甘地祈祷间外的花园里逛来逛去，等待着最后时刻的到来。他们感到庆幸的是，在大厦的门口没有受到检查，这是由于甘地下了命令。他们的照片也没有出现在大厦对面的警察岗亭里。下午5点钟，人们陆续来到这里，几个刺客也夹杂在中间。卡尔卡雷看了看戈德塞，他面无表情，但看得出来，他心里并不坦然。

突然，人群一阵骚动，然后自动向两旁分开，形成了一条通道。这时，甘地出现在通道的尽头，慢慢地走过来。戈德塞心中盘算："是时候了。"他知道这是一个绝好的机会，这样比等甘地坐下来再开枪把握大得多。现在，他只需向前跨两步，仅仅两步，3秒钟的时间就够了。

当甘地走到离他只有三步远的时候，戈德塞向前走了两步，他按照印度传统的行礼方式，把手放在胸前，向甘地鞠躬。甘地和旁人都以为他是个虔诚的教徒，并没在意。戈德塞突然亮出手枪，对准半米之外的甘地那干瘦而袒露的胸膛，扣动了扳机。自动手枪连发三响，甘地双手捂住胸部，向前挣扎了一下，似乎要向那神圣的祈祷台迈出最后的一步，然后慢慢地倒下了。

24 小时以后，甘地的遗体按照印度的传统习俗被火化了。大约有 350 万人伴随着甘地的灵柩直到朱木拿河畔，向"圣雄"告别。

戈德塞当场被捕，阿普迭和卡尔卡雷逃跑，但两星期后也被抓获。1949 年 11 月 15 日，戈德塞和阿普迭被处以绞刑。卡尔卡雷、帕赫尔和戈帕尔被判处无期徒刑，21 年后 3 人获释。武器贩运商巴奇因出庭作证，被免罪释放。

【解读】

圣雄甘地是印度民族主义运动和国大党领袖莫罕达斯·卡拉姆昌德·甘地（1869.10.2 – 1948.1.30）的尊称。他既是印度国父，也是印度最伟大的政治领袖。他带领国家走向独立，脱离了英国的殖民统治。他的"非暴力"的哲学思想，影响了全世界的民族主义者和那些争取和平变革的国际运动，鼓舞了其他的民主运动人士。

尊严是上帝赐予的荣名

【名言】

我提出：一个违反良心告诉他那是不公正法律的人，并且他愿意接受牢狱的刑罚，以唤起社会的良心认识到那是不正义的，实际上他表现

民主篇

了对法律的最高敬意。

——马丁·路德·金

【故事】

美国著名的黑人民权领袖马丁·路德·金于 1929 年 1 月出生于美国佐治亚州的亚特兰大市奥本街 501 号，一幢维多利亚式的小楼里。1955 年他从波士顿大学获得神学博士学位。

1955 年 12 月 1 日，一位名叫做罗沙·帕克斯的黑人妇女在公共汽车上拒绝给白人让座位，因而被当地警察逮捕。马丁·路德·金随即领导了蒙哥马利城 55000 名黑人抵制当地公共汽车歧视黑人的行动，即"蒙哥马利罢乘运动"，掀起了一场著名的黑人为争取基本人权的罢乘运动。这是南方历史上第一次，也是整个美国历史上第一次黑人团结起来为自身权益而抗议的运动。

1956 年 12 月，美国最高法院宣布阿拉巴马州的种族隔离法律违反宪法，蒙哥马利市公车上的种族隔离规定也被废除。从此，马丁·路德·金成为民权运动的领袖。为了寻求蒙哥马利胜利后的进一步发展，马丁·路德·金和其他的南部黑人领袖于 1957 年建立了南方基督教领袖会议。

1960 年 1 月 31 日，一个叫裘瑟夫·迈克乃尔的黑人大学生，来到一家连锁店的吧台买酒，遭到拒绝，理由是"我们不为黑人服务"。这时，马丁·路德·金的"非暴力抵抗"思想已在南方的大学中广为传播。裘瑟夫遭拒返校后，他的同学十分愤慨，决定以实际行动挑战这个酒吧的种族歧视，著名的"入座"运动就这样开始了。具体做法是，平静地进入任何拒绝为黑人服务的地方，礼貌地提出要求，得不到就不离开。不到两个月，运动就席卷了美国南部 50 多座城市。参加运动的大学生事先都经过严格的技术训练，包括打不还手，骂不还口，以最有尊严的行为请求服务。得不到服务，就坐在那里做作业、读书、研究学问。马丁·路德·金对这次运动给予了大力支持，并向所有黑人发出了著名的口号——"填满监狱"。这个口号对大多数生活在自由世界的北方公民来说，无疑是惊世骇俗的，但对祖祖辈辈忍受着奴役、压迫和不公正对待的黑人来说，这口号里涵盖的仁爱和殉道精神几乎就是他们习以为常的生活方式。

1963 年 8 月 28 日，群众示威行动在"华盛顿工作与自由游行"的运动过程中达到高潮，此次示威运动中有超过 25 万的抗议者聚集在华盛顿特区。在林肯纪念馆的台阶上，马丁·路德·金发表了题为"我有一个梦想"的著名演讲。当时，与会的黑人唱了一天灵歌，听了一天演说，身心疲惫到难以站着听讲，但当马丁·路德·金上台时，人群顿时沸腾起来，他在演说里把美国关于自由和正义的许诺比作一张"期票"，当黑人兑付时，"银行"就贴上"资金不足"的字样。马丁·路德·金语音铿锵、雄浑苍凉，它让人想起黑人兄弟自被贩卖为奴以来几百年的苦难和眼泪——

　　我梦寐以求地希望，有一天这个国家将会觉醒起来，真正信守它的诺言："我们坚信这条不言而喻的真理：人人生来平等"；

　　我梦寐以求地希望，有一天佐治亚州红色的山丘上，从前奴隶的儿子和从前奴隶主的儿子将会像兄弟一样在一张桌子旁坐下来；

　　我梦寐以求地希望，有一天甚至密西西比这样一个不公正的狂热情绪使人透不过气来的地方也会变成一块自由和公正的绿洲；

　　我梦寐以求地希望，我的四个孩子生活的这个国家，有一天将不再根据他们的肤色，而是根据他们的品德来评定他们的为人。

这是 20 世纪最为惊心动魄的声音之一，穿过近半个世纪的时光隧道，我们仍然能够感到其中的悲悯和悲痛。但即使在这一场波涛汹涌、黑人的不满情绪一触即发的集会上，他仍然以他惯有的理性和基督之爱向人群宣讲：

> 我必须对站在通往正义之宫的温暖入口处的人们进一言，我们在争取合法地位的进程中，决不能轻举妄动。我们决不能为了满足对自由的渴望，就啜饮敌意和仇恨的糖浆。我们必须永远站在自尊和教规的最高水平上继续我们的抗争。我们必须不断地升华到用精神的力量来迎接暴力的狂峰怒浪。

在马丁·路德·金看来，"手段代表了在形成之中的理想和进行之中的目的，人们无法通过邪恶的手段来达到美好的目的。因为手段是种子，目的是树"。演讲发表后，在全国范围内引起了巨大反响，这也迫使美国国会在 1964 年通过《民权法案》宣布种族隔离和种族歧视政策为非法政策。

马丁·路德·金的一生都致力于为黑人谋求平等，极大地推动了民权运动的发展，功绩卓著，彪炳千秋。1986 年 1 月，美国总统罗纳德·里根签署法令，规定每年 1 月份的第三个星期一为马丁·路德·金全国纪念日，并且定为法定假日。

【解读】

2011 年 8 日 28 日，马丁·路德·金的纪念雕像在华盛顿国家广场揭幕。在此前，只有华盛顿、杰斐逊、林肯和罗斯福等几位美国历史上著名的总统在这里立有纪念塑像，马丁·路德·金是第一位生前作为社会批评家的平民政治人物被在此加以纪念，也是第一位非洲裔政治领袖的纪念物，其意义非同一般。为何他能赢得和这几位著名总统并列的声望地位？正是他以和平抗争维护了《独立宣言》和《联邦宪章》自由、平等、民主、正义的基本价值观，使他和这几位总统一样，为美国人民广泛推崇而享誉美国历史。

"和平之星" 的陨落

【名言】

从呼喊的深渊中，从一切憎恨的深渊中，我要向您高歌，神圣的和平。

——罗曼·罗兰

【故事】

70多岁高龄的以色列总理拉宾，在安息日这一天丝毫没有"安息"。忙碌一天之后，匆匆吃完晚饭，坐在沙发上，闭上眼睛，静静地坐了很长时间。他在考虑今天晚上"国王广场"群众集会的讲话内容。拉宾微微睁开眼睛，抬起手腕看了看表。他猛地站起身来，朝随从摆摆手，大步走出室外。

这天晚上，特拉维夫灯火通明。许许多多以色列人手里挥舞着小旗，高举着标语和拉宾的画像，从四面八方涌向市政府前面的"国王广场"。他们要去参加以色列建国以来规模最大的和平集会。这次集会是由工党和其他一些左翼党派组织的群众和平集会。会议的口号是"要和平，不要暴力"。

10万多人高喊这个口号，群情沸腾，气势宏大。参加集会的群众把整个广场挤得水泄不通。广场的周围却是另一番景象。这里没有和平的欢呼声，没有身着鲜艳服装的群众，只有700多名荷枪实弹的警察，他们十分警惕地把守着通往广场的各条道路。这些警察时而抬起头来望望广场那边的灯火，细心地倾听一会儿那边传来的断断续续的大会发言

75

人的声音，彼此间交换一下眼色，而后左右踱上几步，眼睛紧紧地盯住楼角等阴暗处。

"拉宾来了！"有人喊了一声，人们的目光一齐投向主席台。

拉宾在随从官员的簇拥下，走到了讲台的后面。他很有风度地向集会的群众挥了挥手，然后退后一步，用手稍微整理了一下笔挺西服的下摆。他向大会主持人点了点头，示意大会可以开始了。

"女士们，先生们，所有爱好和平的以色列同胞们……"大会主持走上讲台，开始做了一个简短的开场白。这时的广场也逐渐安静了下来。"下面，请拉宾总理讲话。"在群众雷鸣般的欢呼声中，拉宾镇定、从容地走上了讲台。

在发表了一番精彩的开场白之后，拉宾慷慨激昂地说道："我从军27年了，只要没有和平机会，我就坚持战斗。但我相信现在有和平的机会，而且机会很大，所以我们必须抓住这一机会。"他顿了顿，接着说："我一直相信，绝大多数人是要和平的，并准备为此付出代价。"他把语调又稍稍提高了一下，"只有和平才能解决以色列面临的各种问题。现在比以往任何时候更有实现和平的机会，如此盛大的集会表明，以色列人民希望和平。"

几乎就在同一时刻，一位面色黝黑、长脸、浓眉大眼的以色列青年，焦急地徘徊在特拉维夫的一个公共汽车站上。这个青年的名字叫阿米尔。他一会儿看看手表，一会儿朝公共汽车驶来的方向望望。

一辆开往"国王广场"的公共汽车进站了。阿米尔迅速跳上车，隐藏在一个不被人注意的角落里。

很快，汽车到达了"国王广场"，阿米尔最后一个下了车。他环视了一下四周围，发现许多全副武装的警察遍布在街头。他靠墙站了一会儿，深深地喘了几口粗气，努力使自己平静一下，然后装做漫不经心的样子，朝警察把守的街口缓缓走去。

一切出人意料的顺利。这时警察们把注意力集中在不远处几名过往的阿拉伯人身上，对这位手插在衣兜里，嘴上哼着小调，擦肩而过的犹太小伙子，甚至连看都没看一眼。阿米尔越过警察后，迅速走进停车场。他非常内行地拉了拉一辆豪华汽车的车门，用脚踢了踢车胎，又低头望了望车下，很像一名称职的专车司机。

这时，拉宾的讲话已经接近了尾声，他赢得了一阵又一阵热烈的掌声。他的讲话时常被群众的欢呼声所打断或淹没，他十分热情地向台下近乎狂热的群众频频点头示意。讲完话，拉宾与其他政府高级官员们一起手拉着手，同广场上的 10 多万群众齐声高唱《和平之歌》。一些以色列著名演员还主动登台助兴，手持着麦克风在拉宾和官员中间又唱又跳。随着歌声，群众的情绪达到了高潮，"国王广场"上激荡起汹涌澎湃的和平声浪。

广场上的歌声传来，停车场上的阿米尔知道大会就要结束了。他全神贯注地注视着会场的出口。眼睛里闪过一丝不易被人察觉的寒光。他把手合在胸前，默默地祈祷了几句，然后慢慢地抬起头。他看到拉宾在掌声和欢呼声中走下了主席台，随即在保镖的簇拥下走下市政府大楼的台阶。拉宾一边走，一边还同路两旁的群众热情地握手。拉宾走向了他的专车，准备乘车离开。

阿米尔在人群中拼命地向拉宾挤了过去。当拉宾走近他的轿车，拉开了车门，正要迈步上车的时候。阿米尔已经挤到了拉宾的背后，迅速从衣袋里掏出了一支杀伤威力极大的意大利制 9 毫米左轮手枪！"啪、啪、啪……"这支枪对准拉宾连着响了三声。

枪声响过，年过七旬的拉宾愕然失色，随即身体向前扑倒在地上，鲜血浸透了他的衣服。广场上随即有人发出了尖叫声，人群像炸开锅一样，乱作一团。

拉宾的几名保镖起初有些慌张，毫无目标地开了几枪，但他们马上清醒过来，意识到事情的严重性。其中的几个人闪电般地冲向阿米尔，将他扭绑起来。另两名迅速叫来救护车，并赶快抬起拉宾，将他送进车内。救护车载着面色苍白的拉宾，风驰电掣般地驶向附近的伊奇洛夫医院。

经检查，拉宾的伤是致命的：这三发子弹，一发打在腹部，一发打在胸部，一发打在背部。

19分钟后，拉宾因流血过多，伤势太重，心脏停止了跳动。拉宾的夫人莉娅像疯了一样扑到了丈夫身上，她用瑟瑟发抖的手从丈夫的衣袋里掏出了一张浸透了血迹的歌谱，上面谱写的正是拉宾不久前与大家一起唱的那首《和平之歌》。

在救护车拉走拉宾的同时，场上的空气像凝固了一样，人们先是惊呆，而后愤怒，许多人涌向凶手，高喊要绞死他。保安人员迅速将阿米尔推入一辆警车里。闻讯赶来的警察立即组成了一道人墙，将那辆警车团团围住，防止凶手被群众打死，也防止有人乘机杀人灭口。

整个特拉维夫城市的民众都在关心着拉宾的命运，他们不约而同地奔向医院，焦急地打探着拉宾的消息。

噩耗传来了。以色列军队电台播发了一则来自医院的消息："总理拉宾遭到了枪击，经抢救无效，不幸逝世。"

听到消息后，许多人泣不成声。有成千上万的人自发地点燃起一支支蜡烛，悼念拉宾的亡魂。许多与拉宾共事的官员们，禁不住失声痛哭，泪流满面。他们来到以色列内阁会议，用黑纱把拉宾用过的椅子罩了起来，以此表达他们永久的思念。有些反对过拉宾的人，也为此景所动，他们称拉宾遇害的这一天，是以色列历史上最黑暗的一天。

凶手在被捕后，很快接受了审讯。身体瘦弱、没刮胡子、戴着手铐的阿米尔被带到了一座法院里，这座法院离阿米尔枪杀拉宾的地方只有几百码远。

许多人在悲痛和为"和平之星"陨落叹惜之后，对凶手何以暗杀成功的问题，提出了种种疑问。以色列拥有世界著名的特工组织，他们曾在世界范围内多次组织过出色的行动，但为什么对这一事件没有任何反应？拉宾由20多名保安人员护卫着，但为什么阿米尔可以在贴近拉宾仅有1.5米的地方向他开枪？为什么阿米尔可以从容地连发三枪，而保安人员毫无反应，没有及时还击，击毙凶手？为什么拉宾没穿防弹背心？

实际上，把所有问题归结为一点，这就是拉宾绝不相信自己的同胞会杀害自己。警方人员也同样认为，绝不会有自己的同胞枪杀自己的总理。当拉宾的保卫人员提醒安全的时候，他不以为然地说："在这里我就如同在自己的家里一般感到安全。"一位新闻记者也曾向拉宾夫人询问为什么不让拉宾穿上防弹背心，而拉宾夫人却用一种惊讶的口气反问："你疯了吗？我们又不是在非洲。"

【解读】

伊扎克·拉宾（1922.3.1 – 1995.11.4），以色列政治家、军事家。他是首位出生于以色列本土的总理，首位被刺杀和第二位在任期间辞世的总理。由于拉宾、佩雷斯和阿拉法特的共同努力，中东和平取得进展，1994 年三人共同分享了诺贝尔和平奖。

1993 年 9 月 13 日以巴和平协议签署后，在以色列国会前的坡地上聚集了 10 余万人。巨大的海报上，拉宾被画成穿着希特勒的衣服，双手鲜血淋漓，几个黑色的大字写着："拉宾是犹太民族的叛徒！"在震耳的喧嚣声中，拉宾走上国会讲台。他说："我是个军人，还曾是国防部长。相信我，几万名示威者的喊叫，远不如一个战死儿子母亲的眼泪给我的震撼，我是一个经历过浴血战斗的人，所以我要寻找和平的出路，这是一个转机，虽然它同时也是一个危机……"

民主篇

民主平等　其境融融

　　在整个 19 世纪里，民主思想的理论家们觉得，议论一个国家或另一个国家是否"适合于民主制度"是十分自然的事情。直到 20 世纪，这一看法才发生了变化，人们开始承认，这样提问题本身就是错误的：根本不需要去判定一个国家是否适合于民主制度，相反，每个国家都必然在民主化的过程中变成适应民主制度的社会。这一变化的确是个重大的，它把民主理念潜在的影响扩展到了历史和文化各不相同、富裕程度千差万别的世界各国。

班级管理的民主困惑

【名言】

在教师手里操着幼年人的命运，便操着民族和人类的命运。

——陶行知

【故事】

作为年轻班主任的李梅，脑子里充满了对学生爱的教育，民主的观念。微笑常挂在嘴边，班务也经常与学生商讨。很多老教师提醒她，对学生心不要太重，笑得不要太多，否则受他们折磨的日子还在后头呢，但她仍然激情不减，甚至没明白这话的意思。

后来发现，学生是很喜欢她，但是也不害怕她。当然，鉴于她是班主任的缘故，学生在她的课上还算规矩，但到了其他课堂，对其他老师来说情况就不那么乐观了。他们总喜欢和其他老师讲道理，但并不是所有的老师都喜欢学生和自己讲道理，有些老师认为那是对自己师威的挑战与不尊重，也不会耐着性子去和学生讲理。于是，他们班部分学生就被认为是缺少教养的。她批评他们的时候，比较注意方法，尽量不去伤他们的自尊心，有时气极了，也会喊几句，但可能是已经建立了信任，他们比较听她的，但对于某些老师"正常"的训斥，他们往往不能接受，甚至还会讨厌那门学科。

李梅也经常教育他们，不管老师说什么，那都是为你好，如果真不管你了，也不会去说你的。学生似乎也明白那些老师是为自己好，并承认自己犯错不对，但又说有些老师没有搞清楚情况就随便说他也不对。

她就又告诉学生，就算委屈了你，下课可以跟老师说，但受批评的时候不能顶嘴。

慢慢地，李梅发现班里的孩子看老师的眼神和其他班的孩子不太一样，没有那么多恐惧与揣摩，似乎也少了些尊重。她开始反思自己的教育方法，对初中学生的民主与平等到底是对是错？是让他们早些学会独立思考，还是让他们过分强调自身的权利而不懂起码的尊重呢？如果是自己的错，又该如何改正呢？让学生怕自己，管理起来确实容易一些，但难道非要让学生惧怕自己吗？这似乎不是她的初衷。可是初中学生分不清场合，分不清课上与课下。李梅真的很困惑！

人人都希望自己生活在一个民主自由的环境里，学生也一样。随着年龄的增长，他们的自我意识日趋成熟，渴望自己的事情自己做主的愿望也表现得越来越强烈。

李梅显然认识到了这一点，在班级中"微笑常挂在嘴边，班务也经常与学生商讨"，因此赢得了学生的喜欢。但是也渐渐滋生了一些问题，如学生不"害怕"老师，喜欢和老师讲道理，经常不能接受老师的训斥，甚至出现了课上顶嘴的现象，以至于班主任对自己的班级管理理念产生了一些疑惑，是不是在班级管理过程中强调民主与平等是错误的呢？

的确，在班级管理实践中，由于班主任没有"架子"、不够"严肃"，而使学生"为所欲为"，不懂得"尊重"、"不守规矩"。但是如果仔细地分析一下故事中出现的种种现象，就不难发现，其实这并不是该班主任的民主班级管理策略出现了问题，而恰恰是有些老师的学生观、教育观出现了问题。他们总是强调"师道尊严"，将自己与学生原本是平等的人格等级化、差异化，于是就出现了"学生就被认为是缺少教养"，要求学生"不管说什么，都不能顶嘴"。这是一种科学的班级管理观念与落后的教育观念之间的冲突而导致的结果，错不在于学生，不在于李梅班主任，而恰恰在那些认为"对学生心不要太重，笑得不要太多"的老师身上。

【解读】

如果我们所有的老师都能民主平等地对待学生，懂得如何去以身正人，懂得以理服人，那么何来课堂上的争辩，何来的不尊重呢？而当他们用粗暴、武断、专横的态度去对待学生时，就会伤害学生的自尊，扼杀个性的发展，甚至会伤害学生的心灵，这显然是违背教育的初衷的。

当然，在进行班级管理的时候，讲民主并不意味着妥协与放纵，班级管理的民主是建立在完善的班级管理制度上的。

民主篇

我的班级我做主

【名言】

民主的含义，一是制度，外在的标志是选择；二是内在的，是对人的尊重，沿用到教育上，尊重每一个学生管理班级的权利，少数服从多数，多数要尊重少数。

——李镇西

【故事】

长期以来，只有教师才能对班级"发号施令"，学生只能被动接受。难道学生就不能自己管自己，自己管好自己吗？

本学期高飞担任了高一（5）班的班主任。从开学第一天起，他就尝试自我观念的转变，努力做到由命令的发布者转变为探讨者，由权力的使用者转变为学生的护航者，在班级的学习生活中培养学生的自我发展和自我管理能力。

在班级管理上，进行班干部轮换制的探索与实践，开展值日班长轮换制，让每一位学生轮流做班长。做值日班长的同学行使常务班长的权力。这位同学不仅要做具体的事情，而且要对自己所做的工作进行设计、思考和总结，并以值日班志的书面形式反馈给班主任。

值日班志的第一项内容——要求值日班长对当天的考勤，如请假、迟到、缺席等情况进行认真详细的记录；对当天的早读、上午上课、午读、下午上课、晚休进行组织和整体评价。这样人人都是班级的管理者，每个学生都在集体中负有一定的责任，既是干部又是群众，既是管理者又是被管理者。班级的荣辱与集体成员息息相关，学生的主人翁责任感、集体荣誉感得到了普遍的增强。

值日班志的第二项内容——要求值日的同学把自己所信奉的格言或者自己所写的一句话在小黑板上公布出来，以此来激励、鼓舞同学们。这一句句朴素的语言，无不掷地有声，无一不是激励同学们自我发展的动力。

值日班志的第三项内容——好文章大家分享。同学们在平常读书的时候，会读到很多很好的文章。利用午读或班会课时，值日班长朗读他所推荐的文章。如汪洋同学推荐的文章《天下兴亡，我的责任》就引起了一股"容中兴旺，我的责任"、"班级兴衰，我的责任"有关责任意识的大讨论。通过好文章大家分享，同学们的思想觉悟提高了，自我发展的目标明确了，文学素养提高了，写作能力也增强了，书柜里面的好书越来越多了。

值日班志的第四项内容——当天值日班长向班主任汇报近期自我发展的目标，并请班主任监督。好多同学都谈到了自己的人生目标、学年目标、学科目标、对自己各学科的优劣分析、对自己的潜力分析、对新课程的理解，等等。如茜茜同学对每一科的学习都做了周密的学习计划，预习—听课—练习—总结等一环扣一环。她特别向同学们介绍了自己的学习方法：主要以和同学们讨论合作为主，如英语科以小组为单位和同学们互相交流、讨论，上网查资料，共同学习，共同进步。其余的时间独立思考，对期中和期末都定了发展目标。正因为这样，她的期中考试成绩由入学的 21 名一跃而成为班级的第 5 名。通过制定自我发展目标，同学们无论是在思想修养还是在文化学习成绩方面，都在一天天进步。

　　值日班志的第五项内容——给同学们真正参与班级管理，做班级管理的主人提供平台。如班委会、团支部建议对同学们的日常行为规范实行量化管理。班主任高飞觉得这个建议很好，并立即予以采纳。于是由班委会、团支部起草德育量化方案，交由全班同学讨论修改后开始实施。事实证明这个方案非常好，它充分调动了每一个同学的学习和参与班级管理的积极性，也极大地增强了同学们的集体荣誉感，也为期末各项评优、评先进提供了依据。

　　这样的自我发展和自我管理使班级在各方面都取得了可喜的成绩。高一新生入学要到军训基地进行为期一周的军训。同学们到基地后，尽管都是第一次远离父母，但他们之间能互相帮助，克服困难，以宿舍为单位，组成一个临时的小家庭，又以整个班级为大家庭。在训练期间，干部同学分管每一个宿舍，负责管好本宿舍同学的纪律、内务卫生，同学们积极配合。每位同学一天写一篇日记，记录军训生活的点点滴滴。在四个单项评比中，内务卫生、作风纪律、先进连队等三个项目独占鳌头，班级的凝聚力也因此空前高涨。

　　教师不仅要重视学生的问题，还要依靠他们自己去解决问题。解决自己发现的问题，学生的积极主动性和能动性特别高，这远不是要他们解决教师提出的问题所能比拟的，关键是要相信和鼓励他们，并放手让他们用自己的方法去解决问题。自主治理班级必须结合学生的生活实际和心理特点，从大处着眼，从小处入手，进行优秀道德行为的训练。值日班长的轮换，班级日志的填写，培养了学生的是非观，培养了学生对

民
主
篇

自己、对他人和对集体的责任感。学生是班级的主人，全班学生人人都应来演主角，同唱班级管理这台戏。

【解读】

班级几十名学生，每一个人都有独特的思想、性格、素质、爱好。班集体建设的过程是学生集体意识逐步形成的过程。自主治班的过程让学生知道了自己的行为边界在哪里，弹性空间有多大，以便发挥自己在集体中应有的灵活性和应变能力，从而调整自己的行为，逐步融入集体中，在凝成共性的基础上凸显个性，学生自我发展和自我管理能力大大增强。这一模式使班级管理逐步由班主任管学生转变为学生依靠集体的力量进行自我管理，人人成为自我发展、自我管理、自我教育的主体。班主任的舞台也逐步从前台转到后台，工作效率得以提高。

丑小鸭变成了白天鹅

【名言】

如果谁希望自己的儿子尊重他和他的命令，他自己便应十分尊重他的儿子。

——洛　克

【故事】

16岁的张小雷每天凌晨4点还在忙，不过他不是为了完成学校布置的作业，而是为了玩网络游戏。连续两个月，他不理发，不洗脸，两只手像鸡爪子一样张开，随时准备敲击键盘。任凭妈妈怎么劝，他就一句话："没玩儿够呢，没玩儿够呢！"爸爸和妈妈绝望了，哭着去找校长张致远。

张校长决定会会自己的学生。"老张，你是不是让我重读？"很多学生这样称呼张致远。"小伙子，怕什么！看你的脑袋像狗窝，真难看。"

张小雷有点不好意思地说："我还没玩儿够呢！回学校你得让我参加电脑竞赛。""没问题，不过还得看你自己的水平怎么样。"

张致远没有让张小雷留级，而是继续让他和另一个班的学生一起上课。两天后，张小雷找到张校长，惊讶地说："老张，原来别人都是这么听课啊，没有一个走神儿的！""你以为别人都像你？"张校长开玩笑，"现在知道好好学习了吧。"

半年后，张小雷在一次全国比赛中为学校拿了一个奖杯。后来，他又考取了北京的一所重点大学。"现在这个孩子阳光极了。"张校长说，"他爸爸说是学校救了他们一家，每次见到我都鞠躬。"

像张小雷这样的网迷确实让很多老师头疼，他们可以通宵游戏，但对正常的学业则没有任何兴趣。放任自流吧，违背教育宗旨；严厉制止吧，效果又不好。张致远校长却用独到的方法，最后将张小雷这只"丑小鸭"变成了"白天鹅"。其实，张校长的做法并不复杂，关键是教育理念的问题。他利用张小雷的"电脑优势"之长，让其换班学习，看看其他同学的学习态度与方法，并时刻给予提醒，最后张小雷不仅为学校捧回一个电脑竞赛奖杯，而且考上了名牌大学，其效果不能说不明显。

其实，每个学生都有自己的特长或者说是爱好，问题的关键是如何发挥学生的长处，弥补学生的短处。在张校长看来，"丑小鸭"其实是受了伤的"白天鹅"，所以一开始就要把孩子当天鹅来喂养。老师们应该通过各种有效手段和管理方法，让每个怕困难的学生不再怕困难，不爱学习的学生热爱学习，成绩暂时落后的学生变为成绩优异的学生。张小雷连续玩网络游戏，父母由最初的管理到管不了再到失望，是多么让人痛心，而张校长并没有对张小雷失望，扬其之长，避其之短，不断地教育和鼓励，最终使这个孩子走上了大学之路。

【解读】

一位先哲曾说："心中有佛，眼里才有佛。"老师面对的是有思想、有个性、有自尊心的学生。要搞好班级管理，使孩子们在和谐、宽松、民主、愉悦的环境中健康成长，就必须具有爱心、细心、耐心、热心、宽容心等，扬其长，避其短，促进学生个体的良好发展。

投票竞选

民主篇

【名言】

公者无私之谓也，平者无偏之谓也。

——何　启

【故事】

昨天对琳琳来说真是一个激动人心的日子。她现在回想起来，心里还有点"扑通扑通"地跳。知道为什么吗？告诉你们，昨天下午，他们班举行了紧张的班干部竞选。

当班主任老师宣布竞选开始时，同学们都你看看我，我看看你，谁都不敢第一个走上讲台，教室里静得能听到大家的呼吸声。

琳琳也很紧张，心里一遍又一遍地默念着写好的演讲稿。看到没人上台，想到自己是个老班干部，应该带个头，她就下定决心上去"拼"

一回。

　　她猛吸了一口气，信步走上讲台，虽然别的同学不知道，但她明明感觉到自己的脚在颤抖。走上讲台后，她开始了热情洋溢的演讲，因为演讲稿早已背熟，所以一切很顺利。演讲完了，她才松了一口气。"啊！真没想到我是'第一个吃螃蟹'的人。"她的心中有说不出的自豪。在同学们雷鸣般的掌声中，她像英雄一样凯旋而归。

　　受到了琳琳的感染，同学们纷纷走上了讲台，发表自己的竞选演说。过了一大段时间，开始计票、唱票了。琳琳就像一只热锅上的蚂蚁，急得团团转，当看到自己的票数在一张一张的增加，她悬着的心也放了下来。时间一分一秒地过去了，结果"出炉"了。班主任开始报票数了："周静××票、赵天瑜××票、琳琳35票、张宁××票……""啊！我是35票！35票！超过半数了！我当选班干部了！"琳琳激动得恨不得向全世界的人宣布，"我当班干部了！"

　　激动之余，她也在心中默念："同学们，相信我，对班级里同学的承诺，我一定会做到的！"

　　班干部的选拔与使用是班级组织管理的关键环节，因此，选择什么样的学生当班干部，通过什么程序产生班干部，怎样对班干部进行管理等问题是班主任首先要明确的。通过学生竞选产生的班干部有较好的群众基础，而且当选者也具有工作的主动性与积极性，这对以后工作的开展是极为有利的。

【解读】

　　班干部竞选不仅是一个产生班干部的手段，更是一个培养学生民主意识、合作精神和锻炼沟通与协调能力的过程。

　　班主任在运用竞选方式产生班干部之前，必须规定竞选班干部的操作标准，规定基本条件，让符合条件者参加竞选，这样既可以保证班干部的基本素质，又能让学生有话语权，最后形成老师放心、学生称心、

民主篇

工作效率高的班干部队伍。

尊重就是平等

【名言】

爱人者，人恒爱之；敬人者，人恒敬之。

——《孟子》

【故事】

在上学期的评优课上发生了一件事。课上，老师抛出了第一个问题，学生们争先恐后地举手，连一个平时学习很差的学生也高高地举起手，老师叫起他，他却回答不上来。当老师又一次提问时，他又举起了手，为了给他表现的机会，老师再次叫了他的名字，结果他还是一句话也没有说，惹得同学们一阵哄堂大笑。

课后，老师将他叫到了办公室，责问他为什么瞎举手，他流着泪、低着头说："我看别人都举手了，只有我不举，怕影响您评优的成绩，也怕别的同学说我。"老师一下子明白了他的委屈。后来，老师给他出了个主意："以后上课，如果你会，就请把手举过头顶；如果不会，请你把手举到和眼睛平齐就可以了。"

老师和他有了这个约定后，他就再也没有出过"洋相"了。当然，除了老师和他，再没有人知道这个举手高低的秘密了。从此，他更加努力勤奋，人变得有自信了，并养成了举手发言的好习惯。

其实，举手高低并不重要，重要的是每个孩子都渴望平等，渴望被别人尊重。教师一个不露痕迹的细节处理，就能够保护一个孩子的尊

民
主
篇

严，使孩子克服了自卑的心理。大凡能够赢得学生尊敬和爱戴的教师，在他们教育生命的词典中绝对不会缺少"尊重"二字，因为教育的过程本身就是教师价值引导和学生自主建构相统一的过程。教师和学生在人格上是平等的，"尊重"也是构建和谐师生关系的前提，而师生关系和谐，则是实施有效教育的前提。俗话说"亲其师，而信其道"，师生情感本身就是一种巨大的教育力量，没有情感就没有教育。教师在各种教育教学活动中与学生平等相处，尊重学生的自主意识和人格，以自己高尚的道德情操、优良的个性品质，以"润物细无声"的方式影响和感染学生，以渊博的知识、完美的教育教学艺术为学生创设良好的学习环境和条件，开发学生自身的潜能，在师生协力合作融洽的人际氛围熏陶中，学生的身心才能和谐、健康地成长。

【解读】

尊重意味着平等，意味着民主，意味着宽容，意味着理解、帮助和支持。然而，尊重学生并非仅仅是指对于学生的爱与期待，还包括教师对学生合理和有效的管理。换言之，尊重不等同于放纵以及无原则的迁就，否则就是打着"尊重"的幌子，漠视对生命、对社会的责任。

民主后的集中

【名言】

人像树木一样，要使他们尽量长上去，不能勉强都长得一样高，应当是：立脚点上求平等，于出头处谋自由。

——陶行知

【故事】

老师决定对原有的班委会进行重大的调整。在班干部的产生过程中，教师的包办代替，必定会使班干部失去群众基础。但是，单纯的所谓的"民主"，又会让学生完全"自决"，一些学生往往会倾向选举自己的"好朋友"，同样有不足之处。因此比较好的办法应该是先民主后集中，即先让学生进行投票选举，再由教师权衡。

为了使学生的选举结果更具代表性，老师让大家在规定的时间内推荐20位同学上来，然后再按所得票数的多少进行排列，前12位的同学始得当选，这样可以最大限度地让学生发表意见，而且选出的干部往往又比较理想。最后，再根据所选干部的气质、性格类型以及能力的差异进行分工，优化班委组合。

陈景是班级的班长，有高度的责任心和很强的组织能力，学习成绩也名列前茅，而且爱好广泛，老师便决定请她出任班长；吴莜，初一年级时的副班长，她思维灵活，反应迅速，但看问题比较肤浅、轻率，平时往往未经慎重考虑而迅速发表自己的意见，甚至做出一些超乎常规的动作，老师决定让她当文娱委员；考虑到出操、集会很大程度上反映了班级的精神风貌，老师决定让体育竞赛成绩突出、组织能力强的陈超同学出任体育委员。

实践证明，在民主选举的基础上，经过班主任的优化组合而产生的班委会，得到了同学们的信任和拥护，具有较强的战斗力。

故事中的班级是初二年级，是对原有的班委会进行调整工作，也就是说，班集体的发展已经达到相当成熟的阶段，因而采用"民主选举＋教师权衡"的方式是比较可取的。这样的分工可以最大限度地发挥学生的特长，让班集体高效运转。如果在班干部的工作过程中注意培养他们的工作能力，同时加强思想、道德等方面素质的提高，那么一支坚强而有战斗力的班干部队伍自然就形成了。

【解读】

关于班干部的选拔一般有三种方式：一是班主任直接任命；二是学生民主选举；三是在学生民主选择的基础上班主任进行权衡。三种方式各有利弊，适用班集体建设的不同阶段，因而班主任应根据不同的情况选择使用相应的选拔方式，确实使班干部成为班主任的得力助手。

放点权力给孩子

民主篇

【名言】

一个人只能为别人引路，不能代替他们走路。

——罗曼·罗兰

【故事】

15 年前，特迪·斯托拉特是凯文小姐班上的一名学生，凯文小姐那时刚刚开始自己的教学生涯。特迪整天都是脏兮兮的，身上有一股奇怪的味道。他的头发长得盖住了耳朵和眼睛，他得撩起盖在眼睛上的头发才能写东西。他的毛病很多，智商也不高。一星期课上下来，凯文小姐就知道他无法跟上别的同学。他不仅仅是落在后面，而是根本跟不上来。他很快就成了一个被遗弃的人——既不可爱，也无人关爱。

日子就这样一天天过去了。快到圣诞节的时候，凯文小姐知道特迪算是没有希望进入六年级了，他将成为一个留级生。

圣诞夜来到了。教课桌上放了一棵小小的圣诞树，上面挂着一串串的纸和爆米花。树下堆着一大堆礼物，就等待激动人心的时刻来临。老师在圣诞夜总能得到一些礼物，而这年凯文小姐得到的礼物比以往多，没有一个学生不送她礼物的。

每当凯文小姐打开一包礼物，就会引来一片惊呼，送礼物的人于是会得到一连串的感谢声。

特迪的礼物凯文小姐是最后拿到的。那是一个用棕色纸包装的包，特迪在上面用彩色笔画了几棵圣诞树，在树上用红色画了许多铃铛。他还用胶带把包裹起来，上面写着："献给凯文小姐——特迪"。当凯文小姐把最后的胶带撕下来时，从包里掉出一件东西，那是一个华而不实的用莱茵石做的手镯，上面还掉了几颗莱茵石。

教室里传来窃窃的笑声和低低的耳语声，但是凯文小姐却说："很漂亮，是不是？"说着，就把手镯戴到手腕上。"特迪，过来帮我把它扣牢，好吗？"特迪在帮凯文小姐钩上钩子的时候，害羞地笑了。接着，圣诞钟声响了。孩子们离开教室的时候互致道别："明年见"，或者是"圣诞节愉快"，只有特迪还留在他的课桌旁。

等所有的人离开之后，特迪抱着他得到的礼物和书本向凯文小姐走来。他轻轻地对凯文小姐说："你喜欢这个手镯，真让我高兴。那是我自己制作的。"说完他就很快走了。刹那间，像有一道电光闪过，凯文小姐的心颤抖了……不仅是为了可怜的小特迪，更多的则是为过去自己对特迪的疏忽而愧疚。

之后，凯文小姐就向全班宣布：任命特迪为劳技课的代表，直到学期结束。这使特迪的专长和能力得以充分发挥，在他的组织和带领下，班上的劳技课更是开展得有声有色：孩子们帮受伤的小鸟做笼子，帮园子里的花朵造房子……就连那些原本有点儿懒惰的学生也养成了爱动手的好习惯。慢慢地，特迪一步一步地跟了上来。最后，他的成绩上去了，他没有留级，甚至他最后的平均成绩跃居班上最好之列。

虽然凯文小姐知道学期结束之后，特迪所处的环境状态会有所变化，但她并不因此替特迪担心。凯文小姐深信，特迪胜任劳技课代表的

民
主
篇

结果已经使他进入了一种良好的状态，他享受着成功的喜悦，今后不管到什么地方，他都会保持这种良好的状态。就像在教师培训班上学到的那样：一次成功，就会有多次成功。

凯文小姐后来同特迪失去了联系，直到 7 年之后，她收到了特迪寄来的一封信。

亲爱的凯文小姐：

我只想让你第一个知道：从今天起，我成了一名专业的工艺品设计师。我该说些什么呢？

正是你给的那个劳技课代表的机会使我鼓起勇气，开始新的一切……我将在 7 月结婚，确切地说是 22 号。我想请你参加我的婚礼。如果你能来的话，就坐在我那已故母亲可能会坐的位子上。父亲去年去世，我已没有家了。

凯文小姐不知道该给一个毕业于艺术学院、学有所成的设计师寄上一张什么样的明信片。她满怀欣喜，回信祝贺特迪的成功和婚礼。

亲爱的特迪：

祝贺你取得的成功。这一天终于到来了。上帝保佑你，我将前去参加婚礼。

在班集体中，老师应该放一点权力给学生。如果经常怕这怕那，不敢放手让学生去策划、组织活动，凡事都亲力亲为，就好像扶着小孩走路一样，怕他摔跤一直不放手，小孩就很难自己学会走路，学会奔跑。我们知道，当一个母亲放手让孩子跑步的时候，她确信孩子已经能跑了；当孩子在迷蒙中被母亲放手后，他知道母亲放手的原因——他已经得到了信任。而教育中的授权激励就是老师对学生的一种信任。被授权的学生会认识到老师对自己的信赖，从而大大激发他们的创造性、主动性。恰当地对学生进行授权往往能激励学生在学业和品德进步方面的上进心，从而有力地促进学生的全面发展。所以，老师在日常的教育教学中，应该多提供一些机会、多创造一些条件让孩子们去参与，不要怕他们会失败。只有让他们从小成为学习、生活的小主人，长大后才能成为社会的主人。

【解读】

教学本身不是目的，引起学生真正自主地学习，使其自愿地不断长进才是最终归宿。老师的责任除了教给学生知识，更重要的是教他们怎样去做人，培养学生独立、自主的能力，为今后走上社会打好基础。班主任民主管理贵在放权。适当地授权可以锻炼、提高学生的自我学习能力，提高学生自理、自主和自治的能力，同时也提高班级建设的水平，使学生积极展现自身价值、锻炼个人的综合能力、培养自信心和激发上进心。

多一点儿民主

【名言】

感化在效果方面，自古以来都比由偏见、愚昧和残酷而发明的腰衣、手铐、脚镣大不止一百倍。

——狄更斯

【故事】

一棵梧桐树的树荫下，蹲着一个黑瘦的中年男子，他上穿一件白色衬衫，下穿一条脏兮兮的黑裤子，脚穿一双布鞋，没有穿袜子。脚旁放着一只鼓鼓的塑料袋，袋里装着一些衣服，几包方便面，还有许多鲜黄的杏子。

学校是新建的，梧桐树是刚栽了不久的，它投下的树荫勉勉强强罩住了这个黑瘦的男子。在炎炎烈日下，他不断地取下脖子上的短毛巾擦去额上大滴大滴的汗珠。我经过他身旁时，他正又一次用毛巾擦着脸上的汗。

"找学生吗？"我问。他赶紧站起来，脸上堆着笑说："是，找学生。"我又问："在哪个班？"他说："三（2）班。""三（2）班？""对！""学生叫什么名字？""李飞。"我心里"咯噔"一下。"刚才下课没有找到吗？""来得不巧，进校门的时候刚打上课铃。"

我看看表，第二节课才上5分钟。就是说，这位父亲还得在酷暑中苦熬整整40分钟。我说："这里太热了，教学楼北边的台阶上比较凉快，坐那儿去吧。"他难为情地笑笑说："庄稼人，灰头土脸儿的，碍眼，嘿嘿……"我不敢再多看这位父亲，赶紧转身走进教学楼。

李飞是我班里的双差生：学习差，纪律差。作为班主任，从高一到高三，我不知道做了多少思想工作，都没什么效果。近来，顽劣程度还有所增加……愁人啊！

上了二楼，走到班级的教室外，隔窗观察。学生们正在上语文课，张老师正在绘声绘色地讲着，同学们也听得入神。可是，李飞却趴在靠窗的课桌上睡觉。李飞这样的表现，我已经见怪不怪了，但今天却不知怎的令我非常气愤，真恨不得冲进去把他揪起来狠狠地揍一顿！我皱了一下眉头，想了想，有了个主意。我轻敲一下窗子，示意李飞的同桌叫他出来。

李飞被叫醒了，揉着眼迷迷糊糊地走出了教室。我瞪了他一眼说："跟我来！"

李飞跟着进了办公室，大概认为我又要训他，摆出一副刀枪不入满不在乎的样子。

我说："往里边站点，李飞！"李飞往里边站了一点儿。"再往里边站点，站到窗户前！"李飞大大方方地站到了窗边。我说："这节语文课你在睡觉吧？李飞！"

李飞轻描淡写地说："是！"我说："我想让你观察一个人。观察之前我要提醒你，今年夏天天气酷热，今天的温度是 38℃。你要一边观察一边思考：那个人来干什么？他为什么来这里？他一生最大的愿望可能是什么？——好了，隔着你旁边的这扇窗户抬眼就能看见。——开始吧！"

李飞抬眼望去，转身就要出去。我用极其严厉的语气说："站住！按我说的做！"李飞不敢动了。办公室里静极了，只有吊扇转动的呼呼声。李飞的眼睛开始湿润了，他的喉头在蠕动，他的双肩也剧烈地颤抖起来。

下课的铃声响了，李飞终于"哇"的一声哭了出来。"老师，我……"李飞泣不成声。我严厉而又语重心长地打断了他的话："什么也别说，去吧！我相信你是一个善于思考的学生。我不想听你现在怎么说，我想看你今后怎么做！"李飞咬着嘴唇重重地点点头，向我深深地鞠了一躬，转身跑出了办公室。

从此，李飞像换了一个人似的，上课认真听讲了，不再捣乱了，期末考试的成绩更是跃入了班级前列。

总有一种感动让我们泪流满面，总有一种力量让我们勇往直前。对于学习差、纪律差、上课睡大觉的李飞而言，他亦有让自己感动的东西，亦有脆弱与良知，亦有自尊，那么就应有一种力量能把他唤醒。试想一下，看到窗外骄阳下为了自己不辞劳苦的父亲，带给李飞的是多么大的震撼啊！作为李飞的班主任，作为一个教育工作者，同时也为人父母，我深深地感到一种责任。

民主篇

【解读】

"后进生"是教师们共同的心结，他们成绩差，缺乏上进心，还调皮捣蛋、扰乱课堂。虽然教师苦口婆心地给他们做了很多思想工作，希望他们能有所觉醒，但常常收效甚微。他们，真的没救了吗？多一些民主、平等和关爱，抓住绝佳的教育机会，利用巧妙的教育方法，感动一个并不上进的学生，拯救一个灵魂，这是具有非常意义的做法。

关爱带来的转变

民主篇

【名言】

如果一个孩子生活在批评之中，他就学会了谴责。如果一个孩子生活在敌意之中，他就学会了争斗。……如果一个孩子生活在友爱之中，他就学会了这世界是生活的好地方。

——多蒙茜·洛·诺尔特

【故事】

那年，王杰被分配到一所乡村小学任教。由于他是正规师范学校毕业的，校长特别信任他，让他带毕业班，学生是一群非常淳朴的孩子。

第一堂课上，为了培养乡村孩子的自信心，王杰让他们写下自己的优点交给他。孩子们的优点很多，有的是讲卫生，有的是爱学习，有的是喜欢帮助别人……其中，一个名叫小野的孩子写的是"不与母亲顶嘴"。

他从未听说过这样的优点，顿时对这个叫"小野"的孩子很感兴趣，于是便向坐在旁边的老师打听情况。坐在旁边的是一位男老师，他一听到"小野"便皱起了眉头。他告诉王杰，小野不是一个好学生，学校的老师、同学都不喜欢他。他还说，小野总是穿得脏兮兮的，学习成绩很差，上课不听讲，搞小动作，经常不交作业，对老师也不尊敬，经常和同学打架。

听了这番话，王杰大吃一惊，原本以为一个能做到"不与母亲顶嘴"的孩子应该是十分乖巧、懂事的，却没想到在别人眼中竟是如此恶劣的顽童。

于是，他把小野交上来的作业递给那位老师看。那位老师看了之后直摇头，直说不可能。办公室里其他的老师也凑过来，看了以后，纷纷摇头，说小野在撒谎。但是，他却不愿意相信小野像他们说的那么糟糕。

第二天，王杰表扬了所有的孩子，然后对他们说："同学们当中，有人能做到不和自己的母亲顶嘴吗？"孩子们都摇着头。他接着说："我也常和母亲顶嘴。可是，你们当中有的同学做到了，他比我们做得好，他是一个好孩子。""这位同学就是小野！"王杰大声宣布。教室里顿时鸦雀无声，同学们纷纷把目光投向小野，一副难以置信的表情，只见小野满脸涨得通红，一副不知所措的表情。他想，小野也许还从未被肯定过吧！于是，他带头鼓起掌来，教室里陆陆续续地响起了掌声。

从那以后，王杰发现小野变得干净起来，课堂上总是坐得笔直，也不见他和同学闹矛盾了。可是，班上的同学还是很排斥他，他还是孤单单一个人。

他开始了解小野的家庭情况。小野出生在一个单亲家庭，他母亲和别人在外乡结婚后生下了他，而后母子俩又被无情地抛弃了。从此，小野便没有了爸爸，他的母亲带着他忍受着屈辱回到乡里，遭到乡邻的唾弃。从小，他就没有朋友。王杰知道，这个"世界"对小野来说不是太美好，但他还没有沦为一个"坏孩子"，他只是缺少别人的关爱。

有一天，小野的母亲病了，他没来上课。王杰借此机会向班上同学讲述小野的身世，告诉同学们人性本善，每一个人的生命都是美好的。

小野带着对光明的憧憬来到世上，同学们应该献出自己的爱心，驱散他心中的阴影，抚平他内心所受的创伤。于是，王杰提议去看望小野的母亲，全班同学热烈响应。

小野的母亲住在乡村的诊所里，病情不是很严重。王杰和同学们提着自家的水果和鸡蛋去看望。小野看到他们，顿时愣住了。也许他没想到世界上还有人关心他们母子俩，也许他还没想到这世界上还有与那些对他冷漠的人不一样的人……

此后，小野彻底改变了：作业写得很工整，每次都按时交，课堂上经常回答问题，对老师也很尊重，和同学们也成了好朋友……

每个学生总有他闪光的一面，教师不应该因为学生在课堂或学校中的不良表现就彻底否定他们。小野以前在校的表现是不太让人满意，但王杰还是相信他在家就是一个不和母亲顶嘴的好孩子。事实上，每个学生都有向上的潜能，教师要充分地尊重学生。

【解读】

在班级中，有的学生遵纪守规、成绩优秀，但也有些学生上课不听讲，作业不能及时完成，学习成绩不尽人意，甚至和老师、同学相处得不融洽。面对这样的学生，老师是听之任之冷眼相看，还是拿出自己的关心和爱，促使他们做得更好呢？不言而喻。其实，这种关爱就是一种尊重、公平和民主！

请给孩子留个"梦"

【名言】

梦想一旦被付诸行动，就会变得神圣。

民主篇

——阿·安·普罗克特

【故事】

门卫老王给赵老师送来一个邮包，打开一看是几本杂志。他疑惑不解，因为他从来没有给这个杂志投过稿，或许是杂志社在做广告吧？他漫不经心地翻看着目录，猛然间一个熟悉的名字——张华，跳入了他的眼帘。天哪！会不会是学生张华的大作被杂志连载了呢？他迫不及待地翻到有张华文章的那一页。果然是他的，没错，是张华特意寄来向他报喜的。读着张华的作品，几年前的一幕幕往事浮现在他的眼前。

张华是学校的择校生，人长得不太起眼，在班级中默默无闻，记住他的名字纯属偶然。入学后的第一次月考成绩出来后，年级组长把成绩单送到了赵老师那里，其中一位学生的分数非常引人注目，那正是张华。语文、数学、外语三门总分正好为 100 分，因此有人戏称他考了"满分"，就这样他在无意中记住了张华的名字。

第一次月考后的一天上午，教思想品德课的王老师在讲台上语重心长地讲着"学会尊重"时，突然发现张华在低着头涂涂写写地"开小差"。他一个箭步冲了过去，把正在"走神"的张华逮了个正着。"在我的课上你也敢做其他作业，真是胆大包天。"王老师气得语无伦次，发疯似的抓住本子一撕为二。

那还了得，这可是张华即将"出炉"的"处女作"啊！张华像被激怒了的狮子朝王老师猛扑过去，总算抢回了自己的"心肝宝贝"。因为在张华的眼里，什么都可以不要，唯独他的"处女作"神圣不可侵犯。

王老师气急败坏，连拖带推地将张华拉到了办公室。看到自己不争气的学生在班级中闹事，班主任马上问道："你上课不好好听讲，在做什么作文？"听到"做作文"三个字，同办公室的语文老师感到蹊跷：

"我今天可没有布置作文，你不是在写情书吧？"顿时，三位教师的眼光同时逼向了孤立无助的张华。"我在写小说。"张华羞答答地说道。

"写小说，你不是在做黄粱美梦吧？""你是癞蛤蟆想吃天鹅肉，也不看看自己的模样。""你的作文错别字连篇，句子都不通顺，还想写小说？""你连单词都默不出，英语翻译没有一句是完整的，竟然还想写小说，这不是在开国际玩笑吗？""还是现实点，少做白日梦吧！"

此事就这样在老师对张华的轻视中收场。张华只能把自己的"作家梦"深深埋藏在心底，活动由公开转入地下。他经常趁其他同学和值班老师睡觉后，打着手电筒偷偷地在被窝里写，如痴如醉。

有一天，赵老师刚走到教室门口，突然发现有几位同学围在一起看着"手抄本"。这还了得，晚自习不好好做作业，竟然敢"冒天下之大不韪"，传阅"手抄本"。为了"杀鸡儆猴"，他挥着那个"手抄本"宣布了规定："以后不得有同学带课外书进教室，否则一旦发现一律没收。"课间，张华怯生生地来找他说："赵老师，这是我写的小说，请还给我好吗？""你写的小说？要好好看看，能在同学中流传，说明写得肯定不错，让老师拜读一下，行吗？放学时你来拿吧。"说真的，由于文字功底很差，小说写得非常幼稚，情节描写得很一般，唯一的优点就是写得比较贴近学生的心理和口味，所以会有不少学生传阅他的小说。

赵老师就鼓励他说："写得非常不错，继续努力，将来肯定能成为一名小说家，但写好文章还得要夯实基本功，文化课更不能丢弃，平时要多阅读别人的作品，吸收别人的精华，并多多练笔。以后如果需要赵老师帮忙的话，尽管来，我们一起来探讨。"张华迟疑地望着赵老师："老师，我不是在做梦吧？"目光中分明充满了怀疑。"不是做梦，你一定能行。"他鼓励道。

自那以后，张华成了办公室里的常客，他只要一看到赵老师在办公室就找他聊创作。假期里，他还常常拿着厚厚的稿子去找赵老师问意

民
主
篇

见，请其帮助修改。

初三那年，为了张华的发展，赵老师对他进行了特殊的照顾。凡是在赵老师的课上，只要他认为听懂了，就可以做自己的事情，以致到后来，赵老师的课成了他的"练笔场所"。就这样，他的一篇篇新作不断出炉。中考时，由于他的基础较差，虽然很用功，还是只考了四百来分，他父亲出了择校费让他进了一所五年制大专。

在那里，张华有了更多的思考和练笔机会；加上年龄的增长、视野的开阔、经历的丰富、氛围的改善，他的创作潜能得到了淋漓尽致的发挥，以致他的创作灵感不断闪现，他终于成功了。

赵老师捧着杂志，看着精美的文章，发自内心地为他祝贺！也庆幸自己当年没有说他在"做梦"，给他"泼冷水"，否则他的"历史"可能会改写。

还记得有一个非常经典的故事：有位年轻的母亲正在厨房里洗碗，她几岁的小儿子独自在洒满月光的后院里玩耍。年轻的母亲不断听到儿子蹦蹦跳跳的声音，感到好奇，便大声问他在干什么。天真无邪的儿子大声地回答："妈妈，我想要跳到月球上去！"这位母亲并没有像其他母亲一样责怪儿子不好好学习，只知道瞎想，而是说："好啊！不过一定要记得回来啊！"这个小孩子长大以后真的"跳"到了月球上，他就是人类历史上第一个登上月球的人——美国宇航员尼尔·阿姆斯特朗。

【解读】

梦想无论怎样模糊，总潜伏在我们心底，使我们的心境永远得不到宁静，直到这些梦想成为事实。所以，千万不要因为一个梦想的遥远而去打击那个做梦的人。一定要为孩子创造民主的氛围，正确引导孩子慢慢地实现他们的梦想。只要心存梦想，世界都会为他让路。

民主篇

自主管理，井然有序

【名言】

人有不为也，而后可以有为也。

——《孟子》

【故事】

A班主任工作兢兢业业，"全天候"地看管着学生，苦口婆心地做学生的思想工作，生怕学生有任何"闪失"，整日就像个"管家婆"，不敢离学生半步。一下课，总是像"警察"似的站在教室外，虎视眈眈，严密地监视着学生的一举一动，包括做两操、食堂吃饭也寸步不离。平时，事无巨细，她都事必躬亲，管头管脚，学生戏称她为"母夜叉"。慑于她的权威，只要她在的时候，学生服服帖帖，不敢有"出格"的行为。可一旦她不在，学生就似"脱僵的野马"，教室内外乱成一团，违纪事件时有发生。

A班主任采取的是"人盯人"的战术，为了能将学生牢牢控制在自己的手中，不出任何"漏子"，她拼时间，磨精力，工作不分主次，忙得焦头烂额，压得喘不过气来。如此"超负荷"地工作，使A班主任身心疲惫。

B班主任可谓另一种"风格"，人长得和善，讲话慢条斯理。由于是学文科的，喜欢诗歌，擅长写作，满口"之乎者也"，一副书生气。平时，除了上课，就是看书、写作，很少看到他"吹胡子瞪眼睛"地训斥学生，学生看到他并不像"老鼠见了猫"，甚至可以和老师开点玩笑。他

民
主
篇

没有天天盯在班级，但班风学风首屈一指，他的方法是用好班干部。每学期初以民主方式选好班干部后，就把班级管理交给班干部，班委每人负责一项，班长抓班委，实行"承包责任制"，由班干部牵头管理，包括纪律、卫生、出勤等，班干部作用发挥得可谓"淋漓尽致"。B班主任的作用只是在幕后"遥控指挥"，平时班里有了问题，班干部及时处理，所以他在不在班级相差无几，管理上井然有序，他的工作轻松自如。

B班主任管理有道，"轻负担，高效率"，令人称道。老子思想精华中的"无为而治"，在班级管理中教师们不妨可做移植和嫁接，采取B班主任的管理模式，实行"无为而治"。

"无为而治"就是班主任要改变以往"统得过多，管得太死"的思想，舍得放权，把自己从繁杂的日常琐事中解放出来，强调学生的自主管理，从而达到高境界治理班级的最终目的。"无为而治"是把学生作为主体来自我管理，班主任的作用是让学生在实践中认识和提高自己的能力。

【解读】

实行"无为而治"，要求学生树立主体观念，发扬民主管理班级的作风，班主任对自己管理的范围有个明确的认识和界定，要做好"宏观调控"，"专管自己应该管的事"。"无为"不是偷懒，不是无能，而是"为"的一种巧妙方式，"为"的更高境界，是实现"自我解放"、实行高效管理的更有作为的方法。

变被动为主动

【名言】

谁也不能随随便便成功，它来自彻底的自我管理和毅力。

——哈佛图书馆训言

【故事】

上星期三董老师刚到办公室，见到办公桌上有一份《班委会决定》。没想到，班委会做出了这样的决定：违反纪律——罚款！

上面对各种违纪行为都进行了"明码标价"：

随地吐痰：5角

随便乱扔果皮纸屑：5角

自习课上随便说话：5角

无故旷操一次：5角

无故旷课一次：1元

作业一次不交：5角

作业两次不交：1元5角

他看着这份罚款清单真是哭笑不得。孩子们怎么会想到罚款呢？怎么办，是明令禁止呢，还是任由下去呢？

走进教室，这里正为违纪罚款吵得不亦乐乎。"怎么啦？对班委们有意见？班委们领导同学们自己管理班级，发现了问题就想办法解决，说明大家不仅具有主人翁意识，还有当家做主的能力……方法好不好需要在实践中检验，对吗？实践是检验真理的唯一标准，所以我决定，咱们先实践一个月的违纪罚款，每个人都看看、想想实践的结果，然后我们开一个专题讨论会再做决定，好吗？"

"好吧……"学生们回答得参差不齐。

在以后的一个月里，违纪的同学都按班委会决议要求交纳了罚款。一个月后，讨论会如期召开了。意见相左的两派都试图说服对方。拥护"违纪罚款"的一派认为：在市场经济条件下，用经济手段约束人们的行为是正常合理的。现在社会上的许多单位也实行罚款制度，否则单位怎么运营，而且还发现实施罚款后这一个月违纪现象也确实减少了。相

民
主
篇

信再过一段时间，违纪现象肯定会更少，所以这个决定是对的，应该实施下去。

反对"违纪罚款"的一派认为：市场经济也好，经济手段也好，都与学校的教育无关，因为学生本没有经济能力，学生都是向父母要钱的，罚款势必会增加家长的经济负担。我们班好多同学家又不是很富裕……有的同学说："罚款罚了一个月，违纪现象不是照样发生吗？罚款简直既伤感情又没效果，我认为违纪罚款这一规定应该取消。我们这一段时间因罚款搞得大家心里很紧张，一直担心哪天会被揪住罚款，哪里还有心思学习呀，搞得人心惶惶的，而且因为罚款，同学们都对班委们有意见……"也有同学说："违纪现象未能杜绝，恰恰说明罚款罚得太少，五角、一元的数额偏小，有的同学根本不当回事。我认为还是多罚一些，让他们产生害怕的心理，这样才能有效果……"

没有得出结论的讨论在下课铃声中结束了。为了使更多的同学发表他们的看法，董老师说："请同学们在你们的佳作本上写下你对这个问题的看法，到下一节班会课上我们找同学发表一下自己的见解。"

在班会课上，同学们踊跃地朗读自己的文章，同时也说出了自己的心声。

李晓波说："我们的集体有56位同学，违反纪律只是偶然情况下的个别行为。如果我们注意提醒帮助，违纪现象是不难消除的。大家想想看，坐在教室里的不是想赚钱的商人，也不是不相识的路人，而是三年的同窗好友，我们之间的友谊怎能用金钱来衡量呢？市场经济下难道就不讲人情，只能用金钱来衡量吗？我们是不是应该晓之以理，动之以情呢？我们都是大孩子了，道理不会不懂的，所以动不动就违纪罚款的做法，不适用于我们！"

王佳说："一个月里，我想不明白，在违反纪律方面，为什么我们只想到了罚？难道只有惩罚，才能罚出我们同学守纪律的品德吗？难道只有惩罚，才能体现市场经济，才能罚出我们的优秀班集体？我们难道

109

就没有更好的方法？"

刘军军说："每次挨老师批评以后，我总是十分沮丧，郁闷失望包围着我，使我无法思考；得到表扬就大不一样，我总是喜滋滋地对自己说：'你真棒，下次一定更努力！'将心比心，我可以想象被罚同学的那种复杂痛苦的心情，他们根本无法去思索下次该如何行动，在往外掏钱时只能伤心地计算兜里的钱还剩多少……为什么我们不能以表扬的方法来加强我们班的纪律性呢？当同学们遵规守纪的行为被班委会肯定赞美时，大家一定会把这种行为发扬光大。久而久之，纪律观念不强的同学也会向大多数同学看齐，因为他们和我一样，都希望得到肯定和赞扬啊！"

受罚的郭雷也积极发言："我知道我不是一个守纪律的同学，但请相信有时我不是故意违规的。我爱我的班集体，因为我也是其中的一员。我希望你们能尊重我，当我犯错误时更希望你们能帮助我，给我改正的机会。我可能一天改不了坏毛病，但只要大家给我支持和信心，我一定能改。习惯的养成不是一朝一夕的事情，改掉坏毛病也不可能一天两天啊！但请别用罚款的手段，我现在还是纯消费者不能赚钱，花的是父母的血汗钱，每次交完罚款我都好伤心……"

每一篇文章读完，班里都爆发一片热烈的掌声。在同学们兴奋的鼓掌中，董老师发现了班长高举的手臂。"请班长发言！""首先，我代表班委们向被罚款的同学真诚地道一声对不起！从你们的话语中，我才了解到这次的罚款规定给大家造成了多大的心理负担。第二，给对班委会工作监督、帮助的全体同学说声谢谢，我们会认真考虑再做决定的。最后，请同学们继续支持我们的工作。"

下课后，生活委员退还了以前的罚款；班级日志上又增设了"遵纪模范"的栏目。就这样，班级里的违纪现象越来越少。第一学期结束后，他们的集体成为学校的优秀班集体。

通过对这一事件的处理，董老师感到在班级管理和德育工作中，可

民主篇

以让学生自我管理、自我教育。以往，不论在班级管理还是在思想教育中，我们常常是制度的制定者，学生只有服从的义务。尽管采取了大小会议、班会等形式，学生仍始终是忠实的听众，而不是积极的参与者。如果充分地发扬民主自由，采取多种形式让学生参与进来，进行自我管理和自我教育，则往往会产生意想不到的效果。很多东西不只是教出来的，而是学生在参与实际学习、生活的过程中，参与他人的合作和交往中，通过自身的体验逐步形成的。

成功的教育，需要致力于创设足以感染和陶冶学生思想情操的良好的育人氛围，使学生在教育者精心营造的氛围中实现精神境界的升华和价值观的认同，从而产生良好的教育效果。

【解读】

作为教师，应该有意识地调动学生参与到管理中来，使学生成为班级制度的建设者和制度执行的评价者。改变过去学生总是被制度制约，永远处于"被动"境地的局面，不失为一种班级民主管理行之有效的方法。

弯腰也很美

【名言】

青年的思想愈被范例的力量所激励，就愈会发出强烈的光辉。

——法捷耶夫

【故事】

"喊破嗓子，不如做出样子。"前苏联教育家加里宁指出："教师的世界观、他的品行、他的生活、他对每一现象的态度都这样或那样地影响着全体学生。"

　　H老师今年新接手的班级十分棘手：人数多，"暂差生"多，坏习惯也多。最使H老师感到不舒服的是教室的卫生，学生们垃圾"随手丢"，竟没有一个学生肯主动去捡。三番五次的说教，三令五申的强调，但效果还是不明显。为此，H老师使尽了浑身解数，还特意召开了一次主题班会，从理想、纪律到人生观、价值观；从习惯养成到做人道理反复去讲，甚至让学生人人表态。班会过后，虽然短期内有所好转，但没过多久，死灰复燃，教室里又是一片狼藉：草稿纸、餐巾纸、饮料瓶、包装袋应有尽有。H老师所有的努力都没效果，为此他伤透脑筋。

　　一天，H老师决定改变原来的做法，从自己做起。每次进班级，他总是主动将地上的垃圾捡起来放进纸篓；上课时，如果不慎将粉笔头掉在地上，定会主动将其捡起，决不含糊。一次、两次、三次，"功夫不负有心人"，老师的良好"表现"终于感动了学生，学生深感惭愧和内疚。当老师弯腰捡垃圾时，学生们都争先恐后地将周围的垃圾捡得一干二净。没过多久，学生们的这一陋习终于得以矫治，老大难的"顽症"迎刃而解。这个班成为全校卫生最出色的班级。

【解读】

　　蹲下身来，弯一弯腰，你身后将是一片洁净，一道美丽的风景。弯腰其实就这么简单，但又很美丽。民主平等是一剂班风建设的良药。班主任应放下师道尊严的架子，要让学生真正感到在这个班集体里面，老师是其中的一员，与他们是平等的。在老师的时时、事事、处处的以身示范中，会收到虽无声胜有声的效果。

"拾豆"学自律

【名言】

自制是一种秩序，一种对于快乐与欲望的控制。

——柏拉图

【故事】

随着外地民工的大量涌入，学校的民工子弟学生日渐增多。新学期开始，学校吸纳了一个初一外地民工子弟学生班，张扬担任班主任。

这群外地民工子弟学生跟随其父母转战南北，闯荡东西，疏于管教，不仅年龄和学习成绩参差不齐，而且大部分不懂日常行为规范，纪律观念差，上进心不强，俨然是一帮"野孩子"。

一开学，为了给他们一个"下马威"，镇住他们，张老师制定了比较严格的班规班纪，进行了严厉的"治理整顿"，首战告捷，初见成效。然而，张老师隐约地发现，当教室里有教师在的时候，学生们装得很"乖"、很听话，而一旦避开教师的眼睛，他们就为所欲为。一下课，教室里粉笔头满地，准是有人在"打仗"；玻璃窗时有破碎，准是又有人在追逐打闹；瓜果、纸屑、饮料瓶满天飞，随手扔……

如何引导他们自觉地遵规守纪，养成的良好习惯，做到教师在与不在一个样，促使他们以较高的标准严格要求自己，并成为自觉的行为，这是一个棘手的问题。因为教师不可能一天到晚，"全天候"盯着他们，跟在他们后面，关键是要做好引导，变他律为自律。

猛然间，张老师想到了赵树理的故事。赵树理幼年时在爷爷的指导下，利用拾豆的方法记录自己的善恶行为。如果做了好事，则在罐子里丢一颗白豆，做一件坏事，则丢一颗黑豆，结果罐子里的白豆总比黑豆多。这种办法不仅成为衡量约束赵树理幼年时期道德行为的准则，而且对他助人为乐、与人友善品质的形成具有很大的作用。何不仿效这一做法试一试呢？

当机立断，说干就干。星期一班会课上，张老师在教室后面开辟了一个专栏，并向学生公布了活动的规则，凡是受到教师表扬或自己做了一件好事，到班长那里领取一面小红旗贴在自己的姓名后面；如果受到教师批评或做了一件不好的事情，就在自己的姓名后面贴上一面小黑旗，到期末结束时，比一比，看谁得的红旗多，黑旗少，每得一面红旗得1分，每得一面黑旗减1分，并作为评选"三好学生"、"优秀学生干部"、"十佳学生"的依据之一。

制度的实施促进了班风班纪的改善，学生们都希望红旗多一些，不愿意名字后面被贴上黑旗。凡是学校鼓励的事情，积极主动去做；凡是学校禁止的事情，坚决不做，自觉抵制，从而做到教师在与不在一个样。这样的做法使班级管理由原来的他律转变为自律，班级的各方面大有改观，学生的学习成绩稳步上升。

【解读】

"他律"不是无处不在的，这就需要我们能自我约束，自觉接受社会和他人的监督，抵制不良诱惑，严格"自律"。民主科学的管理、严格的自律是增强团队凝聚力、实现自我约束的前提，为将来计，培养学生的民主自律意识势在必行。

民主搭建沟通的平台

　　法国启蒙思想家伏尔泰曾说："我坚决反对你的观点，但我誓死捍卫你说这种话的权利！"的确，民主意味着平等、尊重、自由，没有平等的沟通，何谈民主？沟通是双向的，不但要打通自上而下的沟通渠道，还要打通自下而上的沟通渠道，让沟通能够双向进行，沟通才能真正顺畅，才会收到良好的效果。

创造民主的课堂

【名言】

民主使每个人成为自己的主宰。

——詹·拉·洛威尔

【故事】

民
主
篇

这是一节"平行线"的概念教学课。其实，学生们早在小学时就已经知道"在同一个平面内不相交的两条直线叫做平行线"，学完基本概念及基本性质后，老师按照书上的要求向学生们提问：在同一个平面内，两条直线有哪几种位置关系？44 个同学分成 11 组进行了热烈的讨论，然后每组派一位代表上台陈述自己的意见。老师先鼓励学生说："今天的发言只有'说了没有'，而没有'错了没有'，也就是你说的都是有道理的。请大家大胆发言，你得出的任何结论都会得到赞许。"

首先，学生 A 带头说："有两种位置关系，相交和平行。"马上有学生 B 说："我们认为有三种位置关系，相交、平行和重合。"

这下大家就说开了，有说赞成 A 的，有说赞成 B 的。老师顺水推舟，叫大家再次讨论：不管你赞成哪方，得说出理由。片刻，讨论结束，老师先请赞成 A 的同学举手，有 7 位举手（以下称为 A 类同学），又请赞成 B 的同学举手，有 31 位举手（以下称为 B 类同学）。

学生 C 说："我们赞成 B，因为重合，既不是相交也不是平行，应属第三类。"

学生 A 辩驳说："两条直线有公共点就是相交，重合的两直线是有公共点的，所以重合属于相交。"学生 D 反对说："两条直线相交只有一个交点，而重合时却有无数个公共点，所以重合不是相交，应属第三类。"

这时 A 类同学有点不知所措，B 类同学有点得意。过了一会儿，一位女生 E 想说又不敢说，老师鼓励她大胆一点，她红着脸说："我的想法不知对不对。"在老师的再次鼓励下，她终于上了台。

学生 E 说："我想重合是相交的特殊情况，我们只要绕着相交直线的交点（她用事先准备好的两支笔做道具），慢慢地转动其中一条直线，两条直线就会重合，所以重合是相交的特殊情况。"

看着这位平时学习一般的学生，老师感到有点吃惊："这种运动思想居然能在普通学生中形成，以前我有点小看她了。"于是老师赶紧说："同学们，她说得太好了，我们大家拍手鼓掌。"所有同学都为她鼓掌，这位女同学为大家赞同她的观点而感到非常高兴。这会儿轮到了 B 类同学尴尬了。过了一会儿，有人打破了沉默。

学生 F："照她（学生 E）这么说，我们如果在相交直线中固定某一条，在另一条直线上取一个非交点的固定点（也用事先准备好的两支笔做道具），这条直线绕着所取的点转动，会从相交慢慢地变成平行，这样平行成了相交的特殊情况，平行、相交属于同一类，这不成了笑话？"

哎呀，平时真的没发现这些学生还有如此好的辩论能力，今天算是开了眼界了。在这些学生的心目中，平行与相交属于同一类确实是一个很大的笑话，但这能联想到射影几何。

老师就抓住机会对同学们说："同学 F 说得太好了。不过同学们，在生活中有没有两条平行线看上去好像是相交的例子呢？对！铁轨的远方看似相交，高空中平行的电线也是这样。有人正是根据这个特点，约定两条平行线在无限远处相交，从而产生了一门数学分支学科——射影几何。同学 F 所说的现象在平面几何中是一个笑话，而在射影几何中就不是笑话了。"

老师继续说："到现在为止，对两条直线有几种位置关系的讨论还

民主篇

117

没有结束，有人主张分三类，有人主张分两类，也许有人已经倾向分一类了。如果有人问我到底分几类，我只能老实地说：不知道！我听了同学们的发言，觉得都很有道理。事实上，不同的人、不同的书往往有不同的说法，这是一个没有定论的问题。以后哪个同学在数学上有成就的话，就给出一个定论，免得以后的人再争论不休。"

一节愉快的数学课就这样结束了。正当老师坐在办公室，端起茶杯享受着愉快教学的成果的时候，突然过来一个学生 G，她以一种期盼着老师赞许的目光说："刘老师，我还是认为分两类比较好，因为课本上说'在同一个平面内不相交的两条直线叫做平行线'，所以说只要不相交就是平行线，而重合属于不相交，所以重合是平行的一种。"老师听了后满脸喜色，频频点头，急忙说："对！说得太好了，我同意你的看法。"学生 G 自然也满脸喜色。

民
主
篇

【解读】

传统的授受式教学课堂气氛压抑，学生们的思维处于紧绷状态，一定程度上限制了学生的思维空间，所以我们要创造自由的课堂气氛，培养学生自主学习，确立学生的主体地位，及时发现、鼓励他们的创新意识，做到师生协同发展，共创民主自由的课堂。

开放的空间，意外的惊喜

【名言】

与其把学生当天津鸭儿添入一些零碎知识，不如给他们几把锁匙，使他们可以自动去开发文化的金库和宇宙之宝藏。

——陶行知

【故事】

撕纸是孩子的天性，也是他们最喜欢的游戏之一，听着撕纸的声音，看着撕得宽宽窄窄、不成样子的纸条、纸片，他们觉得是一种莫名的享受，因此在讲撕纸游戏一课时，老师力求找回他们幼时的乐趣，还学生们一个自由的空间，让他们插上想象的翅膀，在老师的引导下展翅翱翔，享受撕纸的乐趣。

上课铃响后，老师穿着纸做的衣服走进了课堂。同学们都惊喜地叫起来："好漂亮啊！"这时，老师抓住时机问同学们："老师今天有什么特别之处呢？""您穿的衣服是纸做的。"同学们都抢着回答。接着，老师把纸衣服给一名同学穿上，"你们看他头上还缺一顶帽子，老师再给他撕一顶帽子，你们说好吗？"大家都很赞同。"但是，老师不知道做一个什么样的帽子，谁来设计一顶？"一个同学说："老师，您撕一个小白兔样子的，长长的耳朵多好看。"

于是，老师听取了那位同学提的建议，撕出了一个小白兔的帽子，给同学戴在头上。这时，老师便问："老师撕的时候，谁看清了我是怎么撕的？"同学们便你一言我一语地议论着。"老师，您的两只手挨得很近，撕的宽窄都差不多。""对了，同学们观察得很仔细，撕纸是我们最爱玩的游戏。你们用手里的纸像老师这样撕一撕，看看有什么感觉？"大家都试起来。接着，老师又提出要求："今天，我们不能像以前那样撕着玩了，老师想让每位同学都当小设计师，分组比赛，每组选一名'模特'，其他同学给他做衣服，但是你们不能用剪刀，看哪一组设计得既新颖又大方。"

命令一下，同学们都行动起来，各种报纸、彩纸、挂历纸都派上了用场。大家分头讨论，各自出谋划策，作自家打算。课堂上非常活跃，每个人边做边想，紧张而不忙乱。从头饰到衣服每组都有自己的特点，

民主篇

119

有的头饰做成小动物形状、有的撕成假发、还有的撕成高高的厨师帽……衣服更是丰富多样，民族式的、戏服式的、裙式的……有的还配上了小书包、小手套，颜色鲜艳极了。最后，"模特"们还进行了表演，纷纷展示了自己的作品。

通过小组合作，给学生们创造了一个平等自由的氛围，还学生以时间和空间，让其在开放的课堂中实践、创新，获得成就的机会和体验，享受到了创造的乐趣。

下课了，同学们穿着自己做的特殊服装在校园里游戏，其他同学都投来新奇而羡慕的目光，每个人的脸上都露出了自豪的喜悦……

现代教育的核心是给学生自由发展的空间，解放学生的个性，在自由与解放中培养学生的探索精神。在课堂上，要尽量让学生多参与，多给他们创造时机，营造自由学习的空间，想象与活动的空间，去发挥他们的特长，表现他们的个性。少给孩子条条框框束缚的东西，少一点示范性的东西，多给学生一点自由的想象空间，教给学生观察分析事物的方法，逐步提高他们的观察能力。

【解读】

把学习方式和学习内容也还给学生，尽可能地给他们提供更多的学习机会，最大限度地激发他们的学习兴趣，激发他们的创造力。相信只要你给学生一个自由开放的空间，他们定会给你一个出人意料的惊喜。

打开自主学习之门

【名言】

最有效的教育方法：不是告诉他们答案，而是向他们提问。

民主篇

民主搭建沟通的平台

——苏格拉底

【故事】

面对老生常谈的作文题目，学生们兴趣全无，一筹莫展。大千的笔杆咬细了一圈，才写了不到三行；江陵的眉头皱成面疙瘩，还对着空空的作文本发呆呢！唉！学生们的灵感呢？想象呢？积累的语汇呢？学过的遣词造句、修辞方法呢？一节又一节的语文课、一堂又一堂的作文课怎么就不管用呢？培育了这么多年，学生的作文园地里本该长满水灵灵的苗，而现在却几乎变成了流沙淹没的荒田！

陈川坐在办公桌前，陷入了沉思……

快放学的时候，他走进教室对学生们说："同学们，明天的作文课，不写作文了。"学生们仿佛遇到了天下大赦，话音未落，便骤然响起一片欢呼，长时间不能平静下来。"啪、啪、啪！"他用黑板擦使劲敲着讲桌，才勉强压住这股热潮，然后拿出早准备好的一枚鸡蛋。同学们面面相觑，惊疑的目光齐刷刷地聚焦到那个圆滚滚、白生生的鸡蛋上，差点儿把蛋壳烤裂。

陈川站在讲台一旁，右手捏着鸡蛋小心翼翼地举过头顶，说："一枚来自太空的珍贵科研鸡蛋，明天就要回归地球。如果没有任何保护措施，鸡蛋落地，其结果——当然可想而知。"同学们随着他手臂的下落，"啊"的一声，心也好像要随之坠地。

"动动脑筋，想想办法，设计制作一个保护装置，让这枚鸡蛋安全着陆。谁来挑战这个难题？明天作文课上展示你们的智慧！"同学们不知不觉从座位上站起来，眼里闪着兴奋的光芒，"我——我——我"地喊成一片，个个摩拳擦掌，跃跃欲试。

第二天，每个人的桌子上放着一枚鸡蛋，同时摆着各式各样、五花八门的空降器。陈川刚走上讲台，台下一只只小手如雨后春笋般举了起来。还没等他点名，何小羊就拿着他的空降器，跑上讲台。他做的基本上是一个降落伞，四四方方的大白丝绸手绢下面，连着几根细麻绳，细麻绳下面吊着一个小纸筐，筐里装着一些软塑料，鸡蛋就躺在里面。他嫌站着不够高，就爬到桌子上。开始，他紧张得不得了，唯恐有什么闪失。在大家的鼓励声中，他把降落伞向上一抛，一朵白云在空中展开，又飘然落下。大家挤到讲台跟前，"成功了！"喊声差点儿震破玻璃窗。同学们羡慕的目光中，何小羊乐得像一位凯旋的将军。

这时，珊珊端来一盆沙子，说鸡蛋落在沙子上，也不会破，在家里试过。但不幸的是，方向不对，鸡蛋没有落在沙子上，而落在讲台的棱上。珊珊的泪水在眼眶里打转，同学们"唉——"声一片。

王学志在两块厚塑料泡沫上各挖了半个鸡蛋大小的窝，把鸡蛋放进去，再把它对合起来，用绳子捆好。鸡蛋从1米高的地方落下，骨碌碌滚在地上——竟然没破。大家一片欢呼。

最让人感到惊奇的是张丽美的设计，红色的圆锥外形，像个陀螺。在圆锥顶部1/3处还横插着四根"天线"样的东西，像是人造卫星。为什么让圆锥体的尖部着地呢？因为尖部着地，可以使大部分压力集中在这一点上，减轻了鸡蛋的受力，这样鸡蛋就不会因受力过重而摔破，张丽美这样解释。四根"天线"有什么用处？保持平衡，又起支撑作用，防止鸡蛋滚出来。这颗"人造卫星"悠悠地盘旋——落地，又是一阵热烈的欢呼声。

陈川"吁"的一声，示意同学们静下来，高兴地说："今天，同学们的表现都很出色，不管是成功，还是失败，你们的想法充满了智慧，充满了想象力和创造力。从这一点来说，你们都是成功的。"欣喜的花朵绽放在每位学生的脸上，那些成功的同学更是激动异常。

"看得出，同学们对这项活动很感兴趣，花了不少精力和心思。我想，如果把你的亲手所做、亲眼所见、亲耳所闻、亲身体验记录下来，肯定是一篇不错的文章，不妨取名叫《空降鸡蛋》。"他开始布置任务。

教室里安静下来。同学们不再皱眉头，不再咬笔杆，也不再唉声叹气，而是响起了一片"刷刷刷"的"雨声"。走在学生们中间，一种从未有过的成功感久久滋润着他的心，他俨然成了一位出色的指挥家，整个身心弥漫着难以抑制的喜悦。他想："这作文课真的要变变了。"

这节课学生们思维活跃，气氛热烈，他们的想法充满了智慧，充满了想象力和创造力，这让他喜出望外，甚至让他感动。回想起以前的作文课，学生们毫无灵感与想象可言，让他真有一种恨铁不成钢的感觉。如此悬殊的差别又怎么能让他平静？那种气氛久久在他心里萦绕，不断地反省：到底是什么激发了学生们的智慧与想象？是什么让平淡的作文课焕发出生机了呢？

教书是为了育人，学生获得知识是发展的起点，学生的内因才是获取知识的关键，所以作为教师，应首先激发学生的兴趣，学生们有了兴趣才不会觉得学习是一种负担，才会主动去学。教师的情感能使学生产生间接的学习兴趣，学生往往是因为喜欢哪位老师而喜欢他所教的学科。这就要求教师从思想观念上真正把学生当作学习的主人，热情地鼓励每个学生，真正成为学生的良师益友，在教学中多动脑筋，利用各种教学手段，努力培养学生的学习兴趣，激发内在动机。

【解读】

自主学习是学生们自觉、主动、独立的学习，但是这并不意味着教师对学生撒手不管、放任自流，自主学习也离不开教师的引导。教师的引导是学生自主学习的保障，也是学海上的明灯，所以当学生陷入困境时，教师们一定要适时引导其调整学习策略，更好地促进学生自主学习。

欣赏的力量

【名言】

凡是教师能够讲述的，能够传授的知识，多半是死的、凝固的、无用的知识；只有学生自己发现、探究的知识，才是活的、有用的知识。

——罗杰斯

【故事】

经常听到有家长抱怨："我的孩子毛病怎么这么多、这么难以管教？别人的孩子怎么那么乖？"下面有这样一个"别人的孩子"获得成功的故事。

那年李欣教二年级，班里有个孩子叫郭远。他小小的个子，胆子不大，不太起眼。论综合实力，他在班里处于中等偏上。由于李欣给每个孩子建立了一个"家校联系本"，一段时间以来，郭远的家长在联系本上的签字引起了他的特别关注。

郭远在家里自理能力很强，自己的许多事情都是自己做，还经常帮父母扫地、拖地、洗衣、择菜、收拾碗筷。

郭远的爸爸

6月2日

开学以来，郭远继续保持写日记的好习惯，值得表扬。老师布置的作业他总是先做完再吃饭，最后才去玩，是个自觉、懂事、乖巧的好孩子。

郭远的妈妈

6 月 7 日

　　李欣接手这个班刚一年，对每个孩子的性格、习惯、家庭表现等并不完全了解。郭远在家表现得这么好，有这么多优点，作为他的老师，怎么就没早发现呢？一定得仔细地观察观察，好好地开发开发。

　　开学后不久，李欣将要竞选班长的消息宣布后，很快在联系本上看到郭远家长的留言：

　　　　自一年级开学第一天起，郭远就想当班长，为全班同学服务。也许是他能力不够未能挖掘出来，总之，至今成为憾事。

　　　　今天，郭远兴奋地告诉我，明天下午又要竞选班干部了，他很想被选上。我佩服他的毅力和不达目的不罢休的精神。我只有鼓励、鼓励、再鼓励："只要你努力，老师是看得见的。自信心是成功的先兆！"他坚定地点点头："我一定！"

　　　　我和他爸爸衷心地祝愿：郭远梦想成真！

　　　　　　　　　　　郭远的妈妈

　　　　　　　　　　　9 月 1 日

　　看到家长如此殷切的期待、热情的鼓励，作为老师岂能袖手旁观？尽管郭远并不突出，李欣怎能眼睁睁看着孩子的梦想破灭、家长的希望成空？然而，郭远能行吗？同学们会选他吗？李欣心里有些打鼓。他赶紧找郭远谈话，告诉他同学们会选进步最大、表现最好的学生当班长，并给他提了几条具体的要求，还告诉他应该怎样用行动去争取进步。

　　接下来，确实看到郭远良好的表现：上课不再偷偷讲话了，开始主动思考、积极发言了，这让李欣感到欣慰。下一步就要看他在竞选中的表现了。让人着急的是，在自荐演讲时，一个又一个的同学上台了，他却始终不敢举手，有几次刚举了一半又放下了。在李欣的一再鼓励和暗示下，他终于最后一个走上了讲台……

具备了班长候选人资格的郭远第二天的表现如何呢？且看他的日记和家长的反馈：

> 上午，老师让我到她的办公室去。她问我："我叫你来是受批评还是得表扬？"我说是批评。老师又问我错在哪儿，我说错在上课讲话，写完字玩橡皮泥。老师又问："还有呢？"我半天不说话。老师说："还有上课没有发言。"还责怪我老是埋着头不知道在下面想什么！
>
> 郭远
> 10 月 10 日

> 谢谢老师的敲打，同时也请老师给郭远一个机会，我们相信他不会令我们大家失望的。
>
> 郭远的妈妈
> 9 月 10 日

当然，郭远得到了"机会"，进步后的他如愿成为"环保班长"，此后的情况如何呢？

> 这些天，郭远像又懂事了许多，很听爸爸、妈妈的话。这都是老师教育、激励的结果。
>
> 今天，当上了环保班长的他更是不一样，学习做事更为主动。当然，他在学校的表现、胆量等还希望老师不时地敲打和鼓励。
>
> 他的字写得不够端正，日记内容太简单，希望老师批评指

导，他非常崇拜您！

郭远的妈妈

9 月 23 日

这些天郭远能严于律己，像个班长的样子。很高兴看到郭远的进步，请继续努力！能把字写得更好吗？

老师

10 月 24 日

写字比以前认真多了，这得益于老师在语文作业本上的鼓励！愿郭远再接再厉！

郭远的妈妈

11 月 9 日

民
主
篇

在郭远还不算长的人生经历中，从一个默默无闻的学生成长为班长，无疑是取得了成功。

我们要学会对孩子多表扬、多鼓励，及时肯定孩子的进步。家长的这一教育方式会使孩子对自己产生信心，引发他完善自己的愿望，还会在无形中提醒、感染老师，引起老师对孩子优点的关注。家长这一良好的导向，对郭远的教育形成了良性循环。真诚的表扬、关切的话语，是慈爱，是期待，是良好的心理暗示，而郭远就沿着这雨露、阳光铺就的道路愉快地前进着。

【解读】

孩子的可塑性是很强的，我们要以欣赏的眼光看待他们，要设法将孩子直接的情绪转变成稳定的情感，并使之成为孩子行动的动机，激励孩子充满自信地去追求成功、体验成功。

打通双向沟通渠道

【名言】

有效的沟通取决于沟通者对议题的充分掌握，而非措辞的甜美。

——葛洛夫

【故事】

在一些企业，管理者只注重从上而下的沟通，做的只是把高层的决策和意见传达下去，而忽视下属和基层员工如何反馈自己的想法和建议。沟通是双向的，只有打通自下而上的沟通渠道，让沟通得以双向进行，沟通才能真正顺畅，才会取得良好的效果。

看看那些优秀的企业是如何做的。摩托罗拉公司始终以"肯定个人尊严"为管理的基本理念，对人保持不变的尊重，而"开放的沟通渠道"是其中一个极其重要的内容。

摩托罗拉规定：公司一级及下属各层管理者的办公室的大门要始终敞开着，表明领导者与一般员工始终保持着交流，准许员工随时进入领导者的办公室提出意见，同时也是向员工表示，领导者同员工一样，在公司里只能全力以赴投入工作，不能处理私人的事情。

在摩托罗拉，一切规章制度、重大举措、重要活动等都有着极高的透明度。此外，还建立起多种信息反馈与上下沟通的渠道，设立了"畅所欲言信箱"和总经理座谈会。

公司的"畅所欲言信箱"是一种保密而有效的双向沟通方式。员工可以对公司的各项事务提出意见、建议、评论或投诉，然后由专门的协调人将其姓名隐去，把员工提出的问题转给相关人员，再由协调人把反馈回来的信息传达给员工。接到员工反映问题的部门，必须认真回答和解决，有些一时解决不了的问题，也要说明理由。对于提出良好建议的员工，还要给予鼓励和肯定，但对不署名的信件，公司不予受理。

总经理座谈会，是员工与总经理面对面的交流，其间没有任何管理人员参加，一般每月一次。在这样的会上，总经理往往能够直接了解到管理中的不足之处，及时得到员工对公司各项制度的意见和建议，了解他们最真实的想法和需要，针对具体问题加以解决。

摩托罗拉打开办公室的大门，设立"畅所欲言信箱"和总经理座谈会，打通了自下而上的沟通渠道，让员工反馈自己的想法和意见变得顺理成章，没有阻挡。公司高层为此也获得了极有价值的意见和建议，能够有针对性地解决管理中存在的问题。

英特尔公司则实行"坦诚交流"政策。原公司总裁安迪·葛洛夫这样说："如何使组织上下达成共识是管理的任务之一。不论身处何种地位，不论采取何种形式，坦诚交流是我们的一贯政策。什么样的问题都可以问。很多不合理的想法正被我们以这种方式淘汰。"

这种"坦诚交流"政策，无须担心后果，员工之间可以自由地交流思想，也可以向上级坦陈自己的真实想法。当人们在交流中遇到某种障碍时，公司就鼓励他们越过障碍，进行真正畅通的交流，这种交流通常是好主意产生的方式。

葛洛夫每年要在英特尔公司的不同地点举办大约6次开放式座谈会，同时还废除了传统的封闭式办公室以支持"坦诚交流"政策，促进员工交流和鼓励员工参与活动。在英特尔公司，全体员工从董事长往下，都在开放的隔板式办公室中工作。只要葛洛夫在他的隔板式办公室，他就欢迎任何一位员工走进去同他交谈。英特尔公司发现，人与人之间使用隔板式办公室的做法，扫除了经理和员工之间、不同部门之间和不同工作单位之间的交流障碍。

民
主
篇

英特尔打通自下而上的沟通渠道，也是从开放办公室开始的。这让人不由得想起了一个小故事：

有兄弟二人，年龄不过四五岁，由于卧室的窗户整天都是密闭着，他们认为屋内太阴暗，看见外面灿烂的阳光，觉得十分羡慕。兄弟俩就商量说："我们可以一起把外面的阳光扫一点进来。"于是，兄弟两人拿着扫帚和簸箕，到阳台上去扫阳光。等到他们把簸箕拿到房间里的时候，里面的阳光就没有了。这样一而再再而三地扫了许多次，屋内还是一点阳光都没有。正在厨房忙碌的妈妈看见他们奇怪的举动，问道："你们在做什么？"他们回答说："房间太暗了，我们要扫点阳光进来。"妈妈笑道："只要把窗户打开，阳光自然会进来，何必去扫呢？"

同样，只要把"心门"打开，别人就会走进你的心里。能否打通自下而上的沟通渠道，关键在于高层管理者。只要管理者认识到双向沟通的重要性，并决定打通自下而上的沟通渠道，他就会首先打开自己的"心门"，然后摸索适合自己的双向沟通途径，找到保持沟通顺畅的有效方法。

【解读】

只注重从上而下的沟通，做的只是把高层的决策和意见传达下去，显然不能获得下层的真实想法和建议，这样的沟通是片面的。沟通是双向的，不但要打通自上而下的沟通渠道，还要打通自下而上的沟通渠道，让沟通得以双向进行。聪明的管理者能够认识到双向沟通的重要性。

民
主
篇

人微言不轻

【名言】

智慧就在于说出真理，按照自然行事，倾听自然的话。

——赫拉克利特

【故事】

美国著名女企业家玛丽·凯在《玛丽·凯谈人的管理》一书中，说过这样一句话："不善于倾听不同的声音，是管理者最大的疏忽。"这句话强调了倾听在沟通中的重要地位，倾听是沟通的重要组成部分，是人类沟通最有效的工具之一。

而很多管理者却把"倾听"单纯理解为是"听见"，这是一种误解，这种看法会导致"有效倾听是一种与生俱来的本能"的错误看法。其实，倾听是一种技巧。一个管理者如果不懂得倾听，就会因为缺乏有效倾听而导致在沟通中错失良机，甚至产生误解和冲突，使沟通失败。

本田宗一郎被誉为"20世纪最杰出的管理者"，但也曾因不懂得倾听而犯下过错。有一次，一位来自美国的技术骨干罗伯特来找本田，当时本田正在自己的办公室里休息。罗伯特高兴地把花费了一年心血设计出来的新车型拿给本田看："总经理，您看，这个车型太棒了，上市后绝对会受到消费者的青睐……"

罗伯特看了看本田，话还没说完就收起了设计图纸。此时正在闭目养神的本田觉得不对劲，急忙抬起头叫了声"罗伯特"，可是罗伯特头也没回就走出了总经理的办公室。

第二天，本田为了弄清昨天的事情，亲自邀请罗伯特喝茶。罗伯特见到本田后，第一句话就是："尊敬的总经理阁下，我已经买了返回美国的机票，谢谢这两年您对我的关照。""啊？这是为什么？"罗伯特看着本田的满脸真诚，便坦言相告："我离开您的原因是由于您自始至终没有听我讲话。就在我拿出我的设计前，我提到这个车型的设计很棒，而且还提到车型上市后的前景。我是以它为荣的，但是你当时却没有任何反应，而且还低着头闭着眼睛在休息，我一恼就改变主意了！"

民主篇

131

后来，罗伯特拿着自己的设计到了福特汽车公司，受到了高层领导的关注，新车上市后给本田公司带来了不小的冲击。通过这件事，本田宗一郎领悟到"倾听"的重要性，也让他认识到如果不能自始至终倾听员工讲话的内容，不能认同员工的心理感受，难免会失去一位技术骨干，甚至一个企业。

亿万富翁富卡曾说："上帝给了我们两只耳朵，却只给了我们一张嘴是有原因的——我们应该听得比说得多。"聪明的管理者深知这个道理，在沟通中不仅注意如何用言语表达，更注重如何倾听。

松下幸之助就善于与员工沟通，尤其善于倾听员工的话——好的建议或普通的发牢骚。松下幸之助经常问他的下属管理人员："说说看，你对这件事是怎么考虑的？""要是你干的话，你会怎么办？"一些年轻的管理人员，开始还不怎么说，但当他们发现，董事长非常尊重自己，认真地倾听自己的讲话，而且常常拿笔记下自己的建议，他们就开始认真发表自己的见解了。

由于听的人既显示了对说话人的尊重，又不走形式，毫不马虎地专注地听，说的人就会十分认真地畅所欲言。这是一场较量认真的竞赛，对于下级管理人员迅速掌握经营的秘诀，是大有裨益的。

此外，松下幸之助一有时间就要到工厂去转转，一方面便于发现问题，另一方面有利于听取一线工人的意见和建议——他认为后一点更为重要。当工人向他反映意见时，他总是认真倾听。不管对方有多啰嗦，也不管自己有多忙，他总是认真地倾听，不住地点头，不时地对赞成的意见表示肯定。他总是说："不管谁的话，总有一两句是正确可取的。"

在松下幸之助的头脑里，从没有"人微言轻"的观念，他可以认真地倾听哪怕是最底层人的正确意见，但他非常痛恨别人对他阿谀奉承。如果有这种情况发生，哪怕对方的地位和他差不多，也会毫不犹豫地批驳说："你真是这样想的吗？你也是领导，说这样的话合适吗？"

尽管别人当时可能会觉得难受，但以后反而更尊重松下的为人，并且对松下有什么说什么，不再说那些应景的废话。这无论是对松下还是对别人，以及对于公司的发展都是有好处的。松下公司因董事长松下幸之助的善于倾听，获益匪浅。

从以上的案例中，可以总结出倾听的技巧：

1. 保持适当的视线接触，目光要真诚。这样既表明你在专心倾听，又能鼓励对方继续发言。

2. 不要经常性地打断对方。既确保了对方思路的连贯性，又尊重了对方。

3. 信息及时反馈。通过微笑、点头、眼神等适当的身体语言，表示你对对方所说的内容的态度，反馈你赞同或持异议的意见信息。

4. 解释与概括。用你自己的语言将对方所说的内容进行解释或简单概括，这样在检查你理解的同时，让对方知道你对交谈的重视程度。

5. 适当地重复。重复对方信息中的重点词，表明你正在用心理解他的思路。

6. 以不明确的口吻概括你的理解。如"你的想法是——"，这种积极倾听的陈述句反馈，可以鼓励对方说出更精确更完整的答案。

沟通不仅仅是说，更重要的是倾听。学会倾听，沟通才会顺畅，才会取得积极有效的结果。

【解读】

倾听是沟通的重要组成部分，是人类沟通最有效的工具之一。学会倾听，沟通才会顺畅，才会取得积极而有效的结果。聪明的管理者深知这个道理，在沟通中不仅注意如何用言语表达，更注重如何倾听。一个管理者如果不懂得倾听，就会因为缺乏有效倾听而导致在沟通中错失良机，甚至产生误解和冲突，使沟通失败。

民
主
篇

请摘掉你的有色眼镜

【名言】

放弃偏见永远不会为时过晚。

——梭 罗

【故事】

一天，教语文的赵老师神秘兮兮地跑过来对班主任说："小王，你们班的学生在日记中说你戴有色眼镜看人，处事不公。"小王"丈二和尚摸不着头脑"，一时语塞，想想自己的所作所为，还算公平，怎么会戴有色眼镜看人？

原来，上星期二午睡时，突然一个同学慌张地跑过来说："王老师，班长和张荣打起来了，还流了血。"小王慌忙放下手中批改的作业，跑进教室，制止了他们的行为，然后不由分说地对张荣进行了一顿训斥。有几次，张荣试图向小王解释，但她实在恼怒极了，不让他说话，劈头盖脸地奚落了他一顿才算解恨。说起张荣，真令人失望，成绩差，纪律更差，嘴巴又不甘示弱，好事没他份，坏事天天有。批评完后，小王把他叫到了办公室，并通知他家长来校协助教育。家校联合对他进行了一番"轮训"后，他只好低下了头，不再声张。

事后才知道，其实那天并不是张荣的错。午睡铃响后，同学们大都自觉地午睡了。惟有班长和华明意犹未尽地讨论着还没有解决的数学难题，不时地发出争辩声，影响了他人休息。张荣实在看不下去了，指责班长没有以身作则，没有起到示范带头作用。没想到班长出言不逊，说他多管闲事，于是，一时火气很大的张荣和他打了起来。这一点，同学们都看在眼里，并纷纷为张荣打抱不平。

后来，小王利用班会课，向全班同学作了检讨，承认了由于自己的鲁莽，没有调查就下结论造成了不必要的误会。对班长的违纪行为进行了批评教育，对张荣的行为进行了一分为二的评价。此事才算得到了圆满的解决，风波得以平息。

【解读】

由于"惯性"和"标签"的作用，我们的潜意识中，往往认为坏事总是差生做的，对差生往往责备有余，只见缺点，不见优点，造成了事实上的不公平，对孩子的成长极为不利，所以请不要戴着有色眼镜看人。搭建沟通的良好平台，让沟通能双向进行，促进班级民主管理。

真诚的赞扬

【名言】

人的活动如果没有理想的鼓舞，就会变得空虚而渺小。

——车尔尼雪夫斯基

【故事】

隔壁班的王老师请假，校长安排赵亮给她代两个月的课。第一堂课刚上十分钟，看到一位同学站在门口，欲进还退，不敢进来。赵亮打开门，看到他脸色苍白，十分难看，好像生病的样子。他关切地问道："身体不舒服吗？要不请一位同学陪你去医院看看？实在不行，还是不要勉强自己，回家休息一天再来。"他摇摇头，说没事的。当他回到座位时，赵亮用响亮的声音对全班的同学说："这位同学虽然身体不太好，但他却能坚持带病来上学，这种刻苦勤奋的精神值得我们每位同学学习。"听到赵亮在表扬他，他不好意思了，渐渐地把头低了下去。

后来赵亮才知道，这是他们班级有名的"游戏大王"——赵建。据说，赵建同学在班级中虽然年龄偏小，但"网龄"却不小，平时经常出没于网吧、游戏厅，而且欲罢不能。每天早上，他早早地从家里出来，但不是到校，而是径直去了网吧，先"过把瘾"，然后再上学。放学后，他非得要去玩几把，才肯回家。为此，在多次学校的大会小会上，他成了"批斗"对象，并被学校记过处分。然而，他对班主任和学校的批评教育无动于衷。由于屡教不改，老师和家长对他失去了信心，只能听之任之。

那天，他又来晚了。然而，出乎他意料的是，不仅没有受到批评，还受到了有生以来的第一次表扬。他用怀疑的目光看着老师，老师是在不了解情况的情况下表扬了他，当他确信从老师的眼里读到的是真诚的赞扬时，他羞愧地把头低了下去……

说来也让人难以置信，从那以后，赵建突然彻底醒悟了似的，不再玩游戏了。后来，他凭借着超人的毅力和不错的智力，考取了重点高中，而且成绩十分突出。在填报高考志愿时，他执意要报考师范院校，他说："是老师的欣赏和表扬唤醒了我，激发了我的潜能和动力，让我重新看到了自己的希望，找回了自信，所以我也要考师范院校，将来我要用自己的实际行动拯救更多迷途的学生……"

【解读】

一些后进学生由于学习习惯不良，自控能力较差，常常会犯一些错误，这更需要老师用欣赏的目光看待这些学生，不要充满敌意地去"挑刺"。

不是吗？如果一个学生经常生活在教师的欣赏和表扬中，他就会变得神清气爽，自信倍增；如果一个学生经常生活在教师的指责和批评中，他就会变得灰心丧气，自信全无。试想，如果赵建同学一直生活在教师的冷眼和责备声中，他会有今天的成绩吗？教师的欣赏激发了其内在的动力、唤醒了其沉睡的潜能、鼓舞了其奋发向上的斗志。

一根"草"变成"宝"

【名言】

要改变人而不触犯或引起反感，那么，请称赞他们最微小的进步，并称赞每个进步。

——卡耐基

【故事】

吴宏曾是治班严格的吴老师班级里的一名差生。可能由于天资并不很聪明，学习习惯又不太好，在班级里他明显地落伍了，成绩不好，而且还经常惹是生非，影响他人学习，令任课老师和班主任十分头疼。

为了"镇住"学生，班主任吴老师整天严防死守，对吴宏采取的是近乎苛刻的态度。因为写作业速度慢，吴宏被班主任指责为"磨洋工"和"反应迟钝"；因为喜欢做小动作，有分心现象，班主任认定他有"多动症"；因为喜欢与周围的女生说话，被看作是"情种"、"花花公子"；因为多次教育仍不"悔改"，班主任心灰意懒地称他为"扶不起的阿斗"；因为在下课时不慎将别人的书本碰到地下，被看作"素质极差"；因为写作业慢，晚上挑灯夜战，但早上却起不了床，于是被批评为"好吃贪睡，似头猪"……总之，在吴老师的眼里，吴宏简直是一文不值。为此，他三天两头遭到班主任"修理"，并经常被通知家长到校，接受通报，老师的批评丝毫不留情面，令家长无地自容。

后来，吴宏被安排在李老师的班级。李老师的班级一向以"纪律好、班风正、学风浓"闻名全校，李老师与吴老师的"手法"有着天壤之别。当看到吴宏写作业慢时，李老师不是指责他"磨洋工"，而是表扬他的字写得很工整，做得也很不错；当看到吴宏上课时喜欢做小动作，不是训斥他，骂他"多动症"，而是肯定他勤于动手、善于动脑，表扬他有很强的动手能力，同时提醒他要注意场合；当看到他喜欢与女生讲话时，不再赤裸裸地认定他为"情种"，而是说他能与同学和睦相处，交际能力强，关心同学，但告诫他上课时，要克制自己，不要分心；多次教育，吴宏也没有多少起色，但李老师不是"结论性"地称他为"扶不起的阿斗"，而是鼓励他别灰心；同样是不慎将其他同学的书本撞翻在地，李老师不是说他"素质极坏"，而是当着同学的面，表扬他能主动将不小心掉在地上的书本捡起；当得知他晚上熄灯后在被窝里做作业，而早上不肯起床时，不是说他"好吃贪睡"，而是首先肯定他不甘落后，上进心强，同时又劝导他要注意方式方法，晚上要准时睡觉，以保证有充足的睡眠……

就这样，吴老师眼里的"草"，到了李老师眼里成了"宝"。开学一个月后，吴宏渐渐改掉了自己的缺点，成绩颇有起色。第一次月考，他的成绩由下游变成了中游，学习热情空前高涨。吴宏同学如同变了一个人似的，过去那个不爱学习、散漫自由的他变得自信，能自觉约束自己，愿意学习了。

苏霍姆林斯基曾精辟地指出："教育技巧的奥妙之一正在于此：儿童在一个好的老师那里很少听到禁止，而经常听到的是表扬和鼓励的话。"他在《教育的艺术》一书中还指出："教育工作者的任务在于发现每个受教育者身上一切最美好的东西，发展他们，不去用学校里的条条框框限制他们，鼓励独立工作，进行创造。"

【解读】

教育要遵循学生的认知发展规律，考虑学生的心理承受能力。学生的年龄还小，心理承受能力较差，对是非的判断能力也有限。如果一味地"恨铁不成钢"，批评过度，就容易产生负面效应，达不到教育的初衷。"数子十过，不如奖子一长。"

寻找特殊能力

【名言】

美无处不在，缺的是发现美的眼睛。

——罗　丹

【故事】

一位教师在她的实习日记里记下了一名二年级学生在数学上向她提问的故事。在这段教学初期的经历中，她发现了如何用长除法拓展克里斯的能力。与此同时，她还学会更新自己对二年级学生数学的认识。

有一个蓝眼睛、难管教的八岁男孩简直让我吃惊。人们现在认为，应该对学生进行早期教育，但二年级就会长除法是不是太离谱？在我第一次实习的时候，我有一天发现克里斯会长除法。

还记得我父亲在我三年级的时教我学习乘法表，但这比长除法要简单得多。我是到四五年级的时候才熟练掌握长除的。难道这是因为现在的孩子更聪明了?

要知道,我发现克里斯在数学方面有天赋的那天,整个班的学生正在做阅读课作业。克里斯迅速又准确地完成了他的阅读作业,这样他就有很多的时间聊天,或做些无聊的事情。从克里斯对问题的反应和成绩上,我早已断定他在这个班上很出色,但我仍然觉得他只会在他的"自由"里捣乱,绝不会问我多余的数学题来做练习。

他会加法、减法和乘法,就像写在他手背上似的,对他来说不算什么。他让我给他出些"真正难的除法题"。除法?长除法?二年级的学生不可能会除法!他们太小了,也没人教过他们。但是,克里斯要做除法题,于是我就先给了他一些简单的题,像 100 除以 25,或 50 除以 25 之类的。他很快就算出来了。"给我出一些真正的难题吧。"他对我说。我对他的进步感到兴奋,于是又给了他出一些除法题,像 350 除以 25 和 1256 除以 4 等。略加思索之后,他又给出了正确的答案。真是难以置信!

我还有一点儿时间,我就给他出了更多的题。只要是那些没有余数的除法题,克里斯都没问题。但是当遇到有余数的时候,像 235 除以 4,克里斯就会说:"这不可能!"啊哈,这个八岁大的学生的能力也是有限的,我就发现了他的极限。尽管如此,他的数学天赋还是让我吃惊,能有教克里斯这样学生的经历,我十分感激。

【解读】

我们一旦把学生当成资源,我们就会在接受知识快的学生向我们提问的时候,允许课堂的状况向我们从来没有预料的方向发展。我们是否能鼓励学生告诉我们他们需要什么,部分程度上影响了学生能否成功。理解学生的教师都奉行德威的信仰,即教育必须从"对学生能力、兴趣和习惯的心理洞察"开始。

公平地对待每个人

【名言】

爱人不以理,适是害人;恶人不以理,适是害己。

——魏际瑞

【故事】

"范老师,赵刚出走了,这是他父亲让我转交给你的信。"7月4日,学校休业式的那天,范老师刚走到校门口,门卫的老潘急匆匆地拦住了她。

"赵刚怎么会出走呢?会不会是我们教师的责任?"她战战兢兢地打开信封,只见上面赫然写着"范老师,我恨你!"的标题。

"刚开学,我就被你安排在最后一排,后面总有几个同学上课不认真听讲,他们或做小动作、或讲话、或看课外书,下课时更是吵得鸡飞狗跳,而我却不喜欢这样混日子,很想认真学点知识,于是我就向你提出调换座位的要求。你淡淡地说,只要自己想学,无论坐在什么位置都能学好,你作为老师这么说我也没办法,只好将就了。过了一个星期,我实在无法忍受坐在后面的痛苦,上课只能听见同学说话的声音,老师讲什么我根本听不清楚,于是我再次去找你。为了打动你的心,我还特意编造了一个谎言,说我的眼睛有问题。尽管这样,你还是没有答应立即给我调位置,我知道你是在敷衍我。又一个星期过去了,见你还没有动静,我想你或者忘了,或者是对我有偏见,压根儿就没有把我放在心上。于是我选择了自暴自弃,和其他几个同学

141

一样，每天都玩得很疯。就这样我在玩耍中混过了半个多学期。中考时我的脑子一片空白，几乎门门白卷。考试完毕后，我对你的不满，对你的恨全涌上心头。我曾几次找你，想告诉你'老师，我恨透了你'，可终究没有找到你……"

范老师不知道当时自己是怎样读完这封信的，只觉得脑门嗡嗡作响，像要炸开似的，脸上忽热忽冷。她清楚地记得赵刚是外地民工子弟，春节过后一个星期刚从贵州随父母打工过来。在安排座位时，看他人高马大，加上是中途插班的外地学生，所以只是随意将他搁在教室最后一排的角落里。记得开学后不久他曾来找过自己，由于认为他是中途插班生，学校考核班级成绩时不会将他的分数计算在内，所以冷落了他，将他的合理要求当作"耳边风"，置之一边，没想到会发生这样的事。

在以后的几天，范老师与任课教师四处寻找，但还是没有任何线索。所幸的是几天后听他父亲说，他已安全回到了贵州老家，悬着的一颗心总算平静了下来。可不久就传来更坏的消息，赵刚回家后一直没有再上学，混迹于社会，为了一点小事与别人打架误将他人致残，被关进了班房。范老师的心猛地一颤，一种难以言状的负罪感涌上心头。作为教师，自己的责任难以推卸啊！

盘点着自己的教育教学，范老师总觉得一帆风顺，硕果累累。然而这抹不去的"污点"让她感到惭愧和内疚，它将永远印在她的记忆深处，让她自责，使她反省。她暗暗发誓，以后不再区别对待学生。

【解读】

教师的一点关注，也许能成全学生的一生；教师的一次拒绝，也许会毁坏了学生的一生。

用温和代替生硬

【名言】

如果你是对的，就要试着温和地、技巧地让对方同意你；如果你错了，就要迅速而热诚地承认，这要比为自己争辩有效和有趣得多。

——卡耐基

【故事】

身为班主任，经常要对学生做思想工作，然而由于方法简单生硬，往往是说而不服，效果不佳。或老生常谈，毫无新意，令听者乏味，更不能心动；或态度欠妥，讽刺挖苦，"无限上纲"，使人无法接受；或过于苛刻，使学生望而生畏，表面顺从，背地里消极抵抗。这样的教育往往适得其反，达不到效果，违背教育者的初衷。这时不妨改变一下教育方式，可采用小故事、比喻、寓言等比较轻松的教育方式，往往能引起学生的思索和感悟，给学生留下深刻的印象，使学生乐于接受，从而达到教育的目的。

一天，班长王亮哭丧着脸对班主任说："老师，我想换一个座位，我不想和黄芳坐在一起。"王亮是班长，工作认真负责，乐于助人，是班主任的得力助手，班级工作的"领头羊"，莫非是跟黄芳吵架了，还是……在班主任的再三追问下，他终于说出了原委。原来和王亮同桌的黄芳学习用功，但智力平平，成绩较差，为此她经常向王亮请教，而王亮总是耐心地帮她补习功课。不料，平地起风波，他的好心引起了其他同学的误解，甚至风言风语，认为他喜欢黄芳而故意讨好她，没准两人

143

在谈恋爱了，而且越说越难听。

班主任给王亮讲了一个故事："一天，有祖孙两人骑着毛驴去赶集。路人议论说，两人骑一头毛驴过于残忍，于是爷爷下来让孙子骑。路人又议论说，孙子不孝，孙子赶紧下来让爷爷上去。路人又议论说，爷爷心肠太硬。后来，两人都不骑了，路人又议论说，放着毛驴不骑太傻……你说，这祖孙两人该怎么办？"听完了故事后，王亮很快悟出了"走自己的路，让别人去说吧"的道理，表示"身正不怕影子歪"，只要自己做得对，何必管别人怎样说。之后他依然一如既往地帮助黄芳，同时用心管理班级的各项工作，学习成绩遥遥领先，风波很快就平息下去了。

春节过后，有几位同学受不良环境的影响，有了谈恋爱的苗头，找他们谈心，他们还振振有辞："谈恋爱有什么不好，反正这是迟早的事，也没有什么大的影响。"为了说服他们，班主任问道："葡萄在没有成熟时摘下来吃是什么味道？"学生说："又小又酸。""那成熟了呢？"学生说："又大又甜。""那你们喜欢吃又大又甜的葡萄还是又小又酸的呢？"形象的比喻改变了他们不成熟的想法。从此，这几位同学改变了原来的错误念头，把心思都用在了学习上。显然这种教育方法比粗暴地强迫压制高明得多，有效得多，它使学生从内心深处懂得了道理，并内化为自觉行动。

一次班会课上，学生讨论起上网的问题。一些同学认为网上内容良莠不齐，鱼龙混杂，因此认为不能上网。为了纠正学生的片面观点，班主任给学生打了一个比方："开窗能通风换气，但也使灰尘进来了，难道你们因为灰尘进来而整天关窗，把新鲜的空气和阳光拒之门外吗？"这样的比喻扭转了学生的片面和模糊的认识，使学生懂得上网能增长知识，开阔眼界，培养能力；但上网时应增强自我保护意识，自觉抵制不良信息的影响，筛选有价值的内容为我所用，决不能因为网上的内容"真精彩"而误入歧途，整天沉迷于网上聊天、游戏，甚至玩物丧志，

民主篇

荒废学业。

【解读】

巧用小故事、比喻等教育方法能使深奥、刻板的道理通俗易懂，使学生心悦诚服，易于接受；能揭示事物的本质，给人留下隽永的回味，从而改变不正确的认识；能迂回地回答学生的问题，使学生听得有味，继而感悟人生；能使学生主动去思考、去回味、去寻找问题的答案，启迪学生思维；能使学生印象深刻，增强语言的感染力和说服力，从而达到教育的目的。

发扬民主，各尽所长

【名言】

良材美器，宜在尽用之地。

——李延寿

【故事】

曾听一位朋友说过这样一件事：某农村初中，可能由于"先天不足，后天失调"，连续几年中考成绩一直是倒数三名。学校没有特色，教师没有专长，常规管理混乱，教学水平整体滞后，学校发展举步维艰，前途令人担忧。为了改变现状，教育局从异地委派了一名新校长进行"扶贫"。

"受任于败军之际，奉命于危难之间。"新校长到任后，先进行了"摸底调查"。了解中得知，师资力量的"配置不合理"是造成学校教学质量不高的主要原因。原来，该校中有几位教师曾是代课教师，后来由于政策"照顾"，实行了"民转公"，他们来校代课前有的曾是木工，有的曾是五金厂里的钣金工，有的是卖馄饨的个体户……这些"教师"没有经过师范院校的正规训练，不懂得教育学、心理学，专业知识缺乏，因此驾驭课堂教学的水平和能力很低，特别是随着教学改革的不断深入，他们显得日渐落伍，与学生的要求相去甚远。

自知师资力量薄弱，学校后来一下子招了数十位应届大学毕业生。这些教师的教学水平也一直令人堪忧，如其中一位政治教师，理论功底还算扎实，而且爱好广泛，尤其是擅长写诗歌，但就是"肚子里有货倒不出"，学生的成绩一直"垫底"。还有一位数学教师，中学时曾获得省数学竞赛一等奖，但学生反映，他的课学生根本听不懂，不知所云……

新校长了解到这些情况后，大刀阔斧地对用人制度进行了改革，对一些教师的工作进行重新安排和定位。如让那位原来是木工出身的物理教师和钣金工出身的化学教师改行，担任专职劳技教师，负责学校的"钣金工和木工"教学，同时兼任课外小发明、小创造、航模、海模、风筝等竞赛的辅导教师。让那位曾是卖馄饨出身的语文教师协助后勤，监督学校的伙食；让那位擅长写诗歌的政治教师，担任文学社社长，创办了"新苗诗社"；让那位竞赛获奖的"高才生"专门担任培优任务，负责学校的数学竞赛辅导……

没想到，就这么一换岗，整盘棋竟然"起死回生"，奇迹般地被"盘活"了。那两位在学校中一直"保底"的木工和钣金工教师，得到了赏识，获得了"新生"，有了"用武之地"，干劲十足。学校的钣金工、木工教学搞得红红火火，学生的小发明、小创造在全国、省、市屡获金奖，捷报频传。近年来，他们两人又抓住了课改的良好契机，合作开发校本课程，编写了《钣金工木工教程》，受到了专家学者的高度评价，劳技教育一跃成了学校的"拳头项目"，省内外知名。那位负责监管食堂伙食的教师，由于懂得饮食的经营和管理之道，吃透顾客的消费心理，指导工作"在理"，很快扭转了学校食堂"脏、乱、差"的局面，受到了家长、学生和教师的普遍赞誉。那位负责"新苗诗社"的政治教师凭着自己的优势和特长，影响和培养了一大批能诗善文的文学苗子，每年都有大量的学生作品在省、市报刊杂志上发表，使他的自信心大增，在学生中的威信日渐提高，这些又"反哺"了他的教学水平和业务能力的提高。那位负责数学竞赛的教师，培养了学生的学习兴趣，教会了学生学习方法，每年都有不少学生在省、市竞赛中获奖，改变了学校在竞赛方面"积贫积弱"的局面……

教师还是那些教师，学生也还是那些学生，由于新校长独具慧眼的用人之术，"盘活"了人力资源，激活了教师的潜能，激发了他们工作的热情，唤醒了他们的创造欲望。正所谓"物尽其用，人尽其才"，每位教师都有自己的特长和优势，都是一座有待开发的"金矿"，关键就在于校长能不能知人善用，充分利用。如果新校长不能"因材施用"，对这些教师的优势置若罔闻、视而不见，那么既没有这些教师的成长，也不会有学校的发展。

【解读】

有的校长一直抱怨学校的师资水平不如兄弟学校。其实，完全可以重新审视一下自己的师资，给他们重新定位，充分发扬民主，调济余缺、人尽其用、用其所长，那么学校定会出现百花齐放的"繁荣景象"，从而成长了一批教师，发展了大量学生，学校获得了可持续发展。

分享你我的快乐

【名言】

人生最大的快乐不在于占有什么，而在于追求什么的过程。

——本　生

【故事】

从上个学期开始，齐老师尝试着让学生写"班级日记"。一是，作为班主任可以通过日记及时了解和掌握班级的动态，以便做到对症下药，有的放矢；二是，通过日记可以提高学生的写作水平和语言表达能力。可学生每次交来的日记总是马马虎虎，干巴巴的三言两语，寥寥几行，讲得不深，看得不透，明显看得出在敷衍。说实在的，受应试的影响，学生的作业量普遍较多，就连他们平时的作文也大多以应付为主，草草了事，很少有学生认认真真考虑文章的结构和措辞，普遍存在着言辞干瘪，空洞无物，缺少文采的弊病，甚至大量的还只是停留在小学生记"流水账"的层面上。语文老师为此伤透脑筋。

一次班会课上，齐老师针对学生日记的不足，谈了自己的看法："记日记、写文章其实是作者自己心路的真实记载，好的文章是自己真情的自然流露和释放，无需堆砌，但却引人注目。我给大家看看去年我发表的《好课'新概念'》一文，我们一起来看看文章该如何写。"话音未落，学生们议论纷纷："哇噻，我们的政治老师真有本事，还会写文章呢，真了不起……"流露出既敬佩又好奇的神情。

看到学生们十分好奇、很有兴趣的样子，齐老师索性告诉他们：

"去年我已经在省级报刊杂志上发表文章 30 多篇，大家如果有兴趣的话，也可以来看看我的文章，我们一起来切磋和商讨写作的方法和技巧，大家来比一比，赛一赛，看谁的进步快。"学生立刻像炸开了锅似的，他们群情激昂，跃跃欲试，看来齐老师的这次动员成功了，不仅达到了预期的教育目的，而且超乎想象，更使他悟出了一个教育的道理，那就是不妨让学生一起来分享老师的快乐。后来，每次齐老师有什么文章发表或得奖，总会首先告诉学生，让学生也来分享自己的快乐。

一天，语文老师奇怪地对他说："我突然发现班里许多学生的写作水平有了质的飞跃，学生的作文大多不像以前那样只是干巴巴的字词的简单堆积，语言变得生动活泼多了，结构开始变得合理严谨了，许多文章开始有文采了……"

齐老师暗自窃喜，这肯定是自己的"让学生分享教师快乐"的效果，没想到的是比他的预期更好、更快。

【解读】

一份快乐变成了若干份快乐，无形中提高了教师的威信，让学生觉得自己的老师很"了不起"，增强了教师在学生中的向心力，提高了教师在学生中的威望，同时"榜样的力量是无穷的"，活生生的、近在咫尺的教育典型使学生觉得学有榜样，赶有方向。为了在写作上和教师比实力、赛成绩，许多学生从此爱上了记日记，对日记产生了浓厚的兴趣，并一发不可收。学生在写日记的过程中积累了大量素材，提高了写作技巧和写作水平，锻炼了语言表达能力和思辨能力。

民主篇

转变源于小小的鼓励

【名言】

不要嘲笑铁树。为了开一次花，它付出了比别的树种更长久的努力。

——名言警句

【故事】

刚刚开学，F 老师的班从外地转来一名奇特的学生——李甜心。不管是在上课，还是在下课，她的头一直低着，眼睛从来没有正视过别人，更不与别人交流，可以说把整个心灵都封闭了起来，成了一个"装在套子里的人"。据说，上个学期，她曾在一所教学质量很高的学校就读，虽然学习十分努力，但成绩平平，学校的"重负"和升学的"压力"使她变得精神恍惚，整天郁郁寡欢。为此，不得不中途休学就医。然而，几个月下来，仍未见任何转机，她的父母整天忧心忡忡。

后来，她的父母找到 F 老师，恳求学校帮助"看管"一下，这次上学，家长也不奢望她来学什么知识，考多少分数，只希望她能慢慢与同学相处，在集体活动中性格变得开朗一些，活泼一点。临走时，家长再三告知任课教师，千万不要在学习上"为难"她，她作业做对做错，甚至做与不做都无所谓。

第一次练习交上来，简直惨不忍睹。作业乱涂一片，一无是处，戴着眼镜也找不到一处对的地方。F 老师想想她父母的再三"告知"和"吩咐"，也只能由她去了，当然更不敢找她订正作业或批评她。第二

150

次练习时，因为有选择题和判断题，竟然也被她碰对了几个。于是，F老师大大方方地在她碰对的地方打了"√"，并再三考虑，又在她做对的地方加上"★"，以示鼓励和表扬。练习卷发下去时，F老师暗暗地观察她的脸色，感觉到有点像"笑"的样子，看来应该没有大碍。

于是，第三次练习时，F老师甚至违心地在她不算对的主观题上也打了个"√"，并故伎重演，打上了"★"。在发试卷时，F老师一改以前按组传下去的做法，这次故意让学生自己上来拿，并在她来拿试卷时给予表扬，夸奖她学习大有进步。奇迹终于出现了，在她来拿试卷的时候，老师第一次欣喜地看到她有意无意地抬起了头，脸上也有了一点"反应"。

F老师趁热打铁，课堂提问时简单的问题，故意让她来回答，即使不能立刻回答出来，也想方设法引导到让她能回答出一点儿为止，哪怕只是照本宣科，念对几个字，也及时抓住她的"闪光点"，马上给以表扬和鼓励。

慢慢地，她在F老师的课堂上有了一点"活"的感觉和生气。上课时，她偶尔也能抬起头来看看老师，望望同学，尤其是在老师讲到兴奋和精彩的地方，她也能和同学一起笑起来，轻轻地点着头。被"尘封"一年有余的思维开始出现了新的生气，有了新的活力，李甜心开始主动学习，与同学谈话交流，不再恍惚和木讷，铁树终于要开花了。

【解读】

"表扬不是万能的，但没有表扬是万万不能的。"表扬能使枯木逢春，焕发生机；表扬能使人神清气爽，精神振奋；表扬能使后进学生看到自己的希望，奋发向上。在教育教学中，教师不要吝啬自己的表扬，哪怕只是微微的点点头和一个善意的微笑，也会收到意想不到的效果。在转化李甜心的过程中，医生的治疗没有奏效，家长的劝导无动于衷，老师的疏导毫无反应，同学的温暖更没有融化坚冰。表扬和鼓励却挽救了一位有心理障碍的学生，使她封闭的心灵从此开始复苏。

民
主
篇

民主焕发更强的生命力

　　民主是建立在一定的政治、经济、文化发展之上的。一个国家实行何种民主形式，在很大程度上是由这个国家所处的历史阶段以及这个阶段所面临的历史任务决定的。可见，民主的发展与政治、经济、文化的发展息息相关。可以这样认为，国家的政治、经济、文化发展了，国家的民主自然也随之有了发展。时至今日，民主较之以前已经有了巨大的变化，焕发出更强的生命力，历史使命更为彰显和深远。

翻开民主自治的新篇章

【名言】

民主教育是激发创造的教育，民主是对人的本质的解放，而人的本质在于创造。发展学生的创造精神，是民主教育的使命。

——李镇西

【故事】

有人说："班主任就是慈母——对学生饱含深沉的爱。"有人说："班主任应像严父——对学生要严格要求。"苏霍姆林斯基说过："真正的教育是自我教育"，"不能总是牵着他的手走路，而是要让他独立行走"。因此，"班主任还应该像教练员——培养学生自我教育、自我管理的能力"，把受教育的主动权交给学生。

一天，一个平时不太受关注的学生走过来，交给老师一张纸条，上面写着："给我们一方水，我们会成为浩瀚的海洋；给我们一片云，我们会成为绚丽的彩虹；给我们一点掌声，我们会成为耀眼的明星；给我们一点权利，我们会成为命运的主人。"

老师迷惑不解地看着他，他以低沉的、略带不安的声音说："我想当班干部！"

"什么？"老师吃了一惊。

"是的，我想当班干部！"他表情庄重。

"哦，能谈谈你的想法吗？"老师不动声色地问，心里却更惊讶了。

"我对您指定的班干部不服，不只是我，还有很多同学。我认为我

民主篇

154

比他们更能管理咱们班。"

把他送走后，老师陷入了沉思。这是一个各方面表现并不出色，甚至有点"捣蛋"的学生，但他的一席话和这份勇气，却给老师带来了极度的兴奋。老师的眼前仿佛豁然一亮：一个大胆而新颖的班级管理方案浮出脑海，便毫不迟疑地抓住了这刹那间的灵感。

老师开始大刀阔斧地进行"学生民主自治"改革。长期以来教师"高高在上"地向学生发号施令的状况是一种不平等的师生关系。以学生为主体，突出学生的主人翁地位，确切地说是把学生当成一个"独立自信"的人，这才是符合现代教育理念的学生观。

老师宣布"放权"，以前"钦定的班干部"也全部免职，顺应"民意"，由学生民主选举产生新一届班委会。全班酝酿产生出改革领导小组的10名成员，安排并组织了选举大会，通过自我推荐、民主测评、确定了班长、副班长、各科代表和体育、卫生、纪律委员的候选人名单，然后通过候选人竞职演说，全班无记名投票选出新的班干部。在选举过程中，老师坐在旁听席上，不发表任何意见。大会"胜利闭幕"，从此掀开了"学生民主自治"的新篇章。

如果班主任整天守着班、围着学生"转"，才能使班级平安无事，一旦离开就"班"将不"班"了，那么这个班主任是不合格的。教师应该追求的管理境界是"无为而治"。实践证明，只要给学生权利，他们就会表现出令人惊奇的创造性。

实行"学生民主自治"后，大到制定班规，小到排值日，这些以前让教师疲惫不堪的事务，都不再那么麻烦了。新当选的班长便是那个"毛遂自荐"的学生。他"执政"以后，首先主持制定了新的班规，在全班以高票通过。新班规首先规定了学生享有哪些权利，然后才是义务及赏罚措施。第二项措施是设立监察部，督导检查班干部的工作。第三项措施是设立了"意见箱"，由专人定期查看，及时反馈大家的意见。第四项措施是改变科代表的职责，由过去单纯送发作业，变为师生之间

民
主
篇

的联络员，反馈学生对该科的意见及建议，同时负责组建学习小组，落实学生的学习任务。

改革以后，老师不再直接参与班级管理，但并不是说班主任失去了存在的作用。老师不时召开班干部会议，给他们出谋划策，找学生代表座谈，了解班级动态。有人戏称班主任是"垂帘听政"，但不是"慈禧太后"，因为班干部不是老师的"傀儡"，班里的一切事务均由学生自己拍板，老师的建议仅供他们参考，决不会强迫他们执行。

每周周会课，老师完全退居台下，甚至不参加，由班长主持。周会课从此"改头换面"，由过去班主任的"一言堂"变为如今的"学生论坛"，成为学生们"参政议政"的主阵地。学生们的热情越来越高涨，很多富有创意的管理办法都是在周会课上产生的。

民主篇

学生的热情一旦焕发出来，便一发不可收拾。他们开始重新审视每位老师，从教师的仪表、教学态度到教学方法、教学过程。他们不满有的教师教法的陈旧单调，不满有的教师敷衍了事，于是把全体同学的"倡议书"送呈教师"御览"，大有"限期整改"之势。

更有新鲜的还在后面。有的学生提出要做一个教师排行榜，班长召开全班公决大会，居然全票通过。于是，每月在板报栏公布教师排行榜，选出"最佳仪表教师"、"最佳教态教师"、"最佳教学能手"等。一些老师们笑着说："就冲学生这股认真劲儿，咱们以后可得多'充电'，否则有一天会被学生'下课'的。"

有不少学生提出，教室墙上的名人头像及一些名言流于形式，不如换成学生自己的"心声"。于是，一夜之间教室墙上的名人全部"失踪"。班委会发出号召，征集"名言警句"。很快，学生们自己的"名言"上了墙，还"堂而皇之"写上大名。这一招还真灵，这些颇富启迪的"名言"，在班上掀起了小小的学习高潮。为了能"一语惊人"，以前不爱读书的学生，现在也开始读书看报了。

实现学生民主自治，只是一个小小的尝试，期间有苦也有乐，教师跟学生一起在探索中成长了。随着素质教育理念的深入，这样的尝试会与时俱进，日渐成熟和完善。

以一位学生的话做结束语："人＋人＝众；心＋心＝诚；梦＋梦＝灵；众志成城，心诚则灵。"

当今的学生越来越难以管理，大多数班主任感同身受。专家认为造成这种状况的原因是很多班主任在班级管理上存在着误区：要么是统得过死，管得过多；要么是什么也不管，放任自流。应该建立一种什么样的班级管理模式呢？教育家斯宾塞认为教育的目标是："培养一个能够自治的人，而不是一个要别人来管理的人。"也就是说，班级管理追求的不是他治，而是自治；不是他律，而是自律。简言之，学生的自我管理应成为班级管理的主旋律。就像故事所说的那样，培养班集体的每一位成员进行班级自主管理的能力，把班上的工作交给班里的学生，使他们人人承担责任和义务，培养学生的主人翁意识，这也是学生自我管理能力的一种表现。

【解读】

传统的班级管理主要是由班主任承担。由班主任及班主任提名选举或任命的班干部，对班集体发生的日常事务、班级活动进行策划管理。但是，当代青少年自立、自主意识越来越强，他们善于独立思考，热衷于标新立异。来自教师权威和少数班干部参与班级管理的模式，在某种程度上抑制了大多数学生主动参与班级公共事务的积极性，多数学生处于被管理的地位。有些学生虽然可能在嘴上不会说什么，但在心里面其实也挺有自己的想法的，就像上述案例中那位"毛遂自荐"的同学一样。

而要创建一个积极向上、活泼愉悦、民主和谐的班集体，班主任首先要树立民主意识，克服自我中心意识，充分发挥学生在班级管理中的主体作用，让每个学生主动积极地参与公共事务，懂得民主、平等及竞争。学生自我服务、自我管理、自我教育，可以锻炼提高学生的组织能

民
主
篇

力、人际关系协调能力和自我管理能力，增强团体凝聚力，形成互帮互助、共同进步的集体。

人才不问出身

民
主
篇

【名言】

智慧并不产生于学历，而是来自对于知识的终身不懈的追求。

——爱因斯坦

【故事】

日本经营之神松下幸之助说过："企业即人。"这句话充分说明了人才对企业的重要性。现代企业的竞争，归根结底是人才的竞争。从这个角度来说，人才是企业之本。

现在，企业家和经理人几乎都认识到了人才的重要性，但还有不少人在选人用人上存在着误区。他们戴着"有色眼镜"看人，只认为具有高学历的人才是人才，所以他们在招聘人才时，只盯着那些高学历的人，或者是从名校里走出来的毕业生，对普通高校或者没有高等学历的人不理不睬；或者只认为专业对口的人才是人才，只关注应聘人的专业和相关阅历，结果往往漏掉了具有真才实学的人。

接受高等教育的人成才的几率大，但高学历并不等同于人才。麦当劳就从不把学位作为选拔人才的唯一标准。最初创建时，在麦当劳的26名高级主管中，就有12名（包括总裁在内）不是从大学毕业的。在80人的总部主管中，就有43名没有任何学位。麦当劳集团的高层认为，大部分的大学生自恃学历高而不肯努力工作，他们只想坐在银行桌子后面，以为这样就是进入商界了。相比之下，麦当劳喜欢愿意努力工作、不怕艰难、脚踏实地的人。

索尼公司的选人宗旨是："唯才是用，不以学历为标准"、"按照实力主义原则选拔和培养人才"。公司在选择人才时，非常强调人的实际才能，对应聘者的考核极为严格。每个应聘者都将经过30个经理以上干部的面试，而且由这30个面试考官所做的评分表，须在5年的工作过程中一一应验。面试通过后，还要经过集训考试，时间长达三天三夜，内容包括第一天的笔试，第二天的市场调查习作，第三天作"20年后的日本"的作文。此外，公司不惜投入大笔的经费，还要做一次集训考试，以便真正了解每一个应试者的思考力、判断力等优秀与否。经过层层考试被选进来的员工素质都比较高。即便如此，公司对这些人仍不放松，继续实施彻底的在职培训，有监督人员按照自己制订的指南进行教育，并向他们传授必需的技能。

盛田昭夫曾写过一本《让学历见鬼去吧》的书，一度在社会上引起极大反响。他在书中写道："论资排辈和学历至上使得年轻有为的人不能展示他们的能力和抱负，而即使某人拿到了电视工程学位，在他被录用之后，经理也要尽快发现他有什么真正的能力，如果他有特殊的才能或适合于其他工作，就再给他调换工作。"他还愤慨地宣称，他想把公司所有的人事档案都付诸一炬，以便在整个公司杜绝以学历歧视人的现象。后来，采取了相对温和的措施，即当员工加入公司之后，他的人事卡片上不再记载学历等相关内容。当他调到别的科室时，科长收到的人事卡片上只有年龄、加入公司的日期等信息，而没有关于学历的任何记载。

无独有偶，日本汽车大王本田宗一郎也在那个时代抨击了唯学历论。他的一句名言流传至今，对众多企业家的人才观产生了很大的影响。他说："文凭算得了什么？顶多像一张电影票，能保证你在电影院有个位子罢了。"

民
主
篇

索尼不仅不唯学历至上，而且也不唯专业阅历至上。公司在挑选高级管理人才时，从不使用那些仅仅能胜任某个职位的人，而是乐于雇用那些社会阅历丰富、具有真才实学的人。盛田昭夫曾公开表示："我不想恋战太久，这样会损害下一代人的士气。我也不在乎继承人是否是我的儿女，我只是需要一位能干的人来领导索尼。"三年后，一位男中音演员出身的人坐在了索尼公司总裁的宝座上，他就是大贺典雄。

他与盛田相识纯属偶然。1950年，索尼生产了第一台磁带录音机。当时，大贺还是大学声乐系的学生。他以一个歌唱家的眼光写信给盛田，对这种录音机提出严厉的批评，认为它只不过是一堆废物。对他的尖锐批评，盛田非但不生气，反而认为他所谓的镜子想法非常中肯恰当，具有挑战性，就给大贺回信，聘请他担任公司的兼职顾问。1954年，大贺在欧洲参加巡回演出，在这一时期内，盛田依旧积极地与大贺取得联系，坚持不断地把工资寄给大贺，并要求他留学回国后继续帮索尼做事。盛田所做的一切令大贺深为感动，最终盛田昭夫对大贺说："你作为一位声乐家是一流的，但是，我认为你作为实业家的才能将更加突出。"就这样，在盛田的鼓励下，这位男中音歌唱家弃艺经商，跨进了实业界的大门，负责索尼磁带录音机工厂。1982年9月，盛田昭夫在股东非常大会上正式宣布任命大贺典雄为公司新任总裁。正是这个大贺，奠定了索尼公司的国际化基础。

盛田昭夫选拔大贺典雄作为自己的接班人，充分体现了"按照实力主义原则选拔和培养人才"的选人宗旨。索尼也不是歧视高学历和具有专业背景的人，公司每年都从大学毕业生中招聘技术人才。他只是坚持"唯才是用"罢了。

聪明的企业家和经理人是从不问人才出处的，他们总是不拘一格用人才。三星公司的"人才经营"新战略是，注重吸纳"天才"；善用"个性"人才；敢用奇才、怪才。掌握"天才"或"天才级"人才是人才战略的首位。三星目前已拥有不少具有世界一流技术水平的"准天才"级人才和一大批企业首脑、技术专家和专业经营者，正是这些人才支撑起了三星的大厦。

另外，善用"个性"人才。所谓"个性"人才就是整体看起来不算十分优秀，但在特定方面兴趣浓厚，才能超人，能够在所在领域独树一帜的人。这样的人通常不合群，在组织内部协调共事方面存在缺陷，令许多企业经营者对其不喜欢，不爱用。但三星认为，"个性"人才对事业极为执著，有望成为特定领域的专家，一旦扬长避短，便可担当大任。

此外，敢用奇才、怪才。三星一直坚持在不同部门大胆任用多种类型的人才，甚至曾经做过电脑黑客的程序高手也因为技术出众而被聘请进公司从事开发工作。这些"专家们"并不像人们想象的那样来自名牌大学，他们之中绝大部分都没有接受过正规的大学教育。

三星公司中，很多高层管理人员在学校中的专业和最初进入的领域，与他们现在的职位并不一样，但却在公司中得到了新的位置和更好的发挥。三星电子（北美）市场营销策略高级副总裁彼得·维法德年轻时是一个音乐厅的钢琴师，他目前仍然喜欢弹奏钢琴，不过他在三星的职位不再是一个独奏者，相反，他领导着一批天才员工，在北美进行广泛的市场拓展策略。

当今人才市场供大于求，但只有摘掉"有色眼镜"，坚持"唯才是用"和"适合身份"的"实力主义"原则，才能选拔到货真价实的人才，才不会因漏掉真正的人才而惋惜。

【解读】

按照"唯才是用"和"适合身份"的"实力主义"原则，不拘一格用人才，才能选拔到货真价实的人才，建立一支高效的具有战斗力和竞争力的人才队伍。

戴着"有色眼镜"看人，认为只有具备高学历的人才是人才，或

民
主
篇

者只认为专业对口的人才是人才，只关注应聘人的专业和相关阅历，往往会漏掉了具有真才实学的人。

请尊重你的员工

【名言】

天地之性，人为贵。

——魏　源

【故事】

"客户至上"，"顾客就是上帝"，这样的口号已经在商界喊了好多年了，似乎也没人怀疑它的科学性和公正性。如果一家企业打出"员工第一，顾客第二"的口号，一定会引起人们的震撼，而受到震撼最厉害的，当然是它的员工了。

这家企业就是美国西南航空公司，它倡导"员工第一，顾客第二"的价值观。公司自成立之日起就一直奉行不解雇政策，并极力在企业中营造一种"员工第一"的人本主义文化。公司总裁凯勒明确指出，企业必须永远将员工摆在第一位，乘客不见得永远是对的，"如果认为'乘客永远是对的'，那就是企业对员工最严重的背叛。事实上，乘客经常是错的，我们不欢迎这种乘客。我们宁可写信奉劝这种乘客改搭其他航空公司的班机，也不要他们侮辱我们的员工。"

一位经常搭乘美国西南航空公司班机的女士对该公司的每一项服务都非常不满，登机程序、空姐的服装、飞机上的餐饮、飞机的颜色……公司只好鼓励这位挑剔成性的客户改乘其他航空公司的班机。

面对这样的关爱，美国西南航空公司的员工能不感动吗？能不死心塌地地为公司尽心尽力、尽职尽责吗？事实上，正是这样一种独特的文化导致美国西南航空公司成为一家被员工近乎疯狂地热爱着的企业，其员工的年平均流动率保持在 4.5% 的同行业最低纪录，多次在"美国最受员工欢迎的一百家企业"的评选中入围并名列前茅。

有人也许会有这样的疑问：倡导"员工第一，顾客第二"，会不会滋生员工的骄傲自满情绪，并进而造成员工服务质量的低下呢？事实是，西南航空公司正是依靠对员工的真诚关爱，赢得了员工的忠诚和工作热情，而员工感到公司对自己的尊重和信任之后，又潜移默化地将这种人文关怀传递到自己的服务对象——乘客身上，于是，西南航空的乘客从该公司员工的身上深深感受到一种发自内心的对服务的热爱和对人的真诚关怀。结果，员工对企业的忠诚和热爱演变成乘客对西南航空的忠诚和热爱，而员工和客户对企业的双重忠诚和热爱又铸就了西南航空公司惊人的业绩：美国航空业在 20 世纪 80 年代被解除政府管制以后经历了大规模的兼并和重组，上百家航空公司先后破产，而作为一家在夹缝中成长起来的企业，规模小、航线少的美国西南航空公司不仅生存了下来，而且保持了美国航空业最高的生产率和最安全的纪录，以及其他多项第一的成绩。

倡导"员工第一，顾客第二"，实际上就是尊重员工，信任员工，看重员工，是坚持"以人为本"人本主义文化的具体体现。这种对员工的激励是从根本上开始的，所起的作用自然也是持久而有效的。聪明的管理者都会把自己的员工摆在最重要的位置，去尊重自己的员工，去关爱自己的员工，去照顾员工的利益，这样做又有哪个员工不备受鼓舞呢？

钱伯斯曾经做过王安公司副总裁，曾不得不尊重公司的旨意裁员5000 人，这使他内心充满自责。入主思科公司后，他发誓再不大规模裁人了，即便是 1995 年思科陷入困境而不得不降低成本的时候，他也做到了没有裁员，这使思科赢得了"最受人尊敬的公司"的称号。

钱伯斯一直以成长过程中培养的家庭价值观为荣，他和父亲是好朋友，而他为了参加女儿的生日晚会可以取消和克林顿的会面。这种价值观移植到了思科公司的企业文化中，在公司里钱伯斯着力于营造一种和善、平等、与人分享的企业文化氛围，这种企业文化受到几乎所有员工的欢迎，并为竞争对手所羡慕。

思科公司高级副总裁霍华德·查尔尼这样说："如果在其他地方的话我也是一名出色的 CEO，但由于钱伯斯，我留了下来。"查尔尼也曾是一家著名公司的创始人，后来公司被思科收购。他说："这里有很多人都可以去建立自己的公司，也有很多人曾经有自己的公司，约翰与我们完全平等，假如他像对待下属一样对待我们，我们可能早就离开了。他询问我们的意见，给我们权力和资源，然后给我们一个高得难以置信的销售目标，使我们始终面临挑战。他拥有一种不可思议的力量，使我们团结在一起，而不是四分五裂。"

无独有偶，惠普公司也是倡导尊重员工和看重员工的利益。在 20世纪 40 年代，公司的两个创始人戴维·帕卡德和比尔·休利特就下定决心，不让惠普成为一家"只会雇用人和解雇人"的公司。

1970 年，当公司的生意遭到严重打击时，帕卡德和休利特领导的集体经受住了考验，他们并没有解雇员工，而是让包括自己在内的公司全体员工减薪 10%，同时每人减少 10% 的工作时间。就这样，公司没有解雇一个人，却成功地渡过了困难时期。

一位公司元老说，1950 年，有人曾出 1000 万美元购买惠普公司，这在当时是一笔不小的数目，但被惠普断然拒绝了。公司高层认为，如果这样做，必然会使员工落入陌生人手中，而陌生人是以金钱私利为先，会置惠普员工的利益于不顾。惠普曾有意购买一家工厂，该工厂有华丽的主管套房，办公室和实验室都装有空调系统，但生产部却没装空调。惠普几经考虑，打消了收购的念头。原因很简单，因为惠普还没有全部装空调系统。如果把空调装在办公室，而不是装在工作场所中，那是不可思议的。二战期间，惠普曾有机会获得一项军方合同，但若要履行合同，又得招募 12 名新员工。于是，休利特先生问下属一名经理："合同结束后，我们有没有他们的工作位置？"那位经理回答："没有。""那么，这份合同我们不要也罢。"于是，惠普就放弃了这一高利润的订单。

戴维·帕卡德和比尔·休利特看重每一个员工，对公司员工"一经聘用，绝不轻易辞退"。他们不会因为只看到眼前的利益，就不考虑员工的价值。他们认为，看重员工，倚重员工，带来的价值将是长期的，而不仅仅是一笔高利润的订单。惠普就这样走到了今天，成了世界 500 强的大企业。

尊重员工，看重员工，绝不是口头上讲讲，而是用实际行动来体现。有很多企业口头上倡导"以人为本"，却在管理中不去照顾员工的利益，甚至还侵害员工的利益，自然会让员工寒心。只有让员工在实际工作中体会到受尊重、被看重，才能激发员工对企业的忠诚、热爱以及甘愿为公司奉献一切的工作积极性。

【解读】

倡导"员工第一，顾客第二"，实际上就是尊重员工，信任员工，看重员工，是坚持"以人为本"人本主义文化的具体体现。这种对员工的激励是从根本上开始的，所起的作用自然也是持久而有效的。聪明的管理者都会把自己的员工摆在最重要的位置，去尊重自己的员工，去关爱自己的员工，去照顾员工的利益，这样做，又有哪个员工不备受鼓舞呢？倡导"员工第一，顾客第二"，绝不是口头上讲讲，而是用实际行动来体现。出尔反尔，表里不一，只会起到相反的作用，让员工寒心。

成为授权高手

【名言】

成功的企业领导不仅是授权高手，更是控权的高手。

——彼特·史坦普

【故事】

许多企业家和经理人总是被各种大事小事所纠缠，这使他们忙得似乎没有停下来的那一刻，为此他们常常发出这样的抱怨：

"为什么什么事都要找我？"

戴尔电脑公司今天已是全球举足轻重的跨国公司。创始人迈克尔·戴尔刚开始创业时，也曾发出这样的抱怨，但他很快就找到了原因，并找到了解决的办法，那就是授权。

戴尔事业初创时，由于经常加班赶活，再加上他刚离开大学，习惯了晚睡晚起的作息，第二天经常睡过了头，等他赶到公司时，就看见有二三十名员工在门口闲晃，等着戴尔开门进去。

刚开始戴尔不明白发生了什么，好奇地问："这是怎么回事？你们怎么不进去？"有人回答："老板，你看，钥匙在你那儿，我们进不了门！"戴尔这才想起公司唯一的钥匙正挂在自己的腰间，平时总是他到达后为大家开门。从此，戴尔努力早起，但还是经常迟到。

不久，一个职员走进他的办公室报告："老板，卫生间没有卫生纸了。"戴尔一脸不高兴地说："什么？没有卫生纸也找我！""存放办公用品的柜子的钥匙在你那儿呢。"

又过了不久，戴尔正在办公室忙着解决复杂的系统问题，有个员工走进来，抱怨说："真倒霉，我的硬币被可乐的自动售货机'吃'掉了。"戴尔一时没反应过来就说："这事为什么要告诉我？""因为售货机的钥匙你保管着。"

戴尔想了想，决定放权，不能事无巨细一把抓着。他把不该拿的钥匙交给专人保管，又专门请人负责其他部门。公司在新的管理方法下变得井井有条。

授权是企业家和经理人从烦琐的事务中解脱出来的最佳途径。佩罗集团创始人、董事长罗斯·佩罗为此说过："领导就是放权给一批人，让他们努力奋斗，去实现共同的目标。为此，你就得充分开发他们的潜能。"

授权不仅是把本该放开的工作让别人去做，还要开发员工的潜能，授权给员工一些挑战性的工作，让员工更多更深入地参与到企业的经济活动中去，这样才能分担领导者肩上的重担。

沃尔玛公司的创始人山姆·沃尔顿创业初期十分艰苦，许多事务都要亲力亲为，从采购、选点到日常管理，都由他一人负责。从早到晚，而且周六周日仍要工作。随着公司的扩大，他意识到有必要将责任和职权下放给第一线的工作人员，因为他们对商店和顾客更了解，也知道如何使商店兴旺起来。

山姆在日本和韩国的一次旅行启发了他，他认为可以用某些方法来加强沃尔玛的团队精神，比如将更多的权责交给商店里的员工。一个全新的管理思路在山姆·沃尔顿的脑海里浮现出来——"店中有店"的模式。许多大零售公司的部门经理，只把自己作为一名员工，而山姆认为，商店里的部门经理应该相对独立地管理自己的业务，并将其收入和未来的提升与业绩挂钩，并让每位部门经理充分了解有关自己业务的资料，如商品采购成本、运费、利润、销售额，以及自己负责的店和商品在公司内的排名。鼓励每位部门经理管理好自己的商店，如同商店真正的所有者一样，并且需要他们拥有足够的商业知识。尽管许多商店的经理们还没有上过大学或是没接受过正式的商业培训，但是只要他们真正努力专心工作和培养做生意的技巧，沃尔玛就会把权力下放给他们，由他们负责商店全套的事务，允许其行动自由并享有决策资格。他们有权根据销售情况订购商品，并决定商品的促销法则，同时每个员工也都可以提出自己的意见和建议，供经理们参考。

在下放权力的同时，山姆一直注意在扩大自主权与加强控制之间取得平衡。一方面，公司有许多规定是各分店都要遵守的，包括商品定价，而且有些商品是每家分店都要销售的；另一方面，每家店又有自主权，例如，部门经理负责商品订购，分店经理则可以决定商品促销计划，而且沃尔玛的采购人员比其他公司人员拥有更大的决定权。例如，沃尔玛在佛罗里达州巴拿马市有一家分店，8公里外的海滩附近还有一家分店。虽相距不远，但差异仍然很大。他们的目标顾客和商品陈列完全不同，前者为城市居民日常生活购物服务，后者的目标是海滩游客。

一些企业家和经理人之所以没有实施授权，是因为担心授权之后失去控制，或者担心下属胜任不了工作，甚至搞得更糟。沃尔玛的经验是在扩大自主权与加强控制之间取得平衡，只要进行有效控制，就会完全在自己的掌控之中。而对下属能力的担忧，恰恰相反，授权会激发下属的工作热情、创造力和责任感，会使下属由被动工作转变为主动工作，取得更好的业绩。

1964年，劳勃·高尔文接替父亲波尔·高尔文，成为摩托罗拉公司的董事长兼最高主管。他掌管公司之后实施"统一权力和责任"，以维持员工的进取心，从而使摩托罗拉公司的竞争力倍增，业务突飞猛进。

高尔文之所以实施"统一权力和责任"，主要是由于深深感到有激发员工进取心的需要。高尔文认为，公司越大，员工越渴望分享到公司的权力。他也相信，一个人如果能操纵自己的命运，那么他一定会比较有进取心。

民主篇

为了将"统一权力和责任"真正落到实处，高尔文将权力下放给所属各工厂、各部门。一般情况下，总公司只要在营业额、利润及研究发展经费所占比例等问题上，与各部门、各工厂的经理达成协议之后，经理们都可以按照自己认为适当的方式去自由支配经费。如果他们在自己的预算内想推动一项工程计划，那么大可放手去做而不必把详细情况报告公司或上级主管。只有在计划进行到最后阶段突然发生重大偏差时，总公司才会加以过问。同样，各工厂和部门可以自己决定认为适当的营业项目。事实上，只有当他们无法达成预定项目时，总公司才会通过适当的方式加以帮助。只有在公司的总预算经费很紧时，总公司才会采取行动，告诉他们将允许做些什么，不允许做些什么；同时，也会特别规定一些非常重要而必须执行的关键计划，这些计划如果没有得到总公司的同意，各部门是绝对不能更改的。总之，摩托罗拉公司的管理原则是尽可能减少干涉。

聪明的管理者都是授权的高手，这也是他们看上去并不忙碌，公司业绩却异常优秀的原因。那些事无巨细、一抓到底的管理者，整天被事务困扰，又怎能抽出时间冷静地思索公司的战略规划，或者尽情地享受生活的乐趣呢？

【解读】

授权是企业家和经理人从烦琐的事务中解脱出来的最佳途径。授权除了把本该放开的工作让别人去做，还要开发员工的潜能，授权给员工一些挑战性的工作，让员工更多更深入地参与到企业的经济活动中去。授权会激发下属的工作热情、创造力和责任感，会使下属由被动工作转变为主动工作，取得更好的业绩。认为授权之后会失去控制，或者担心下属胜任不了工作、甚至搞得更糟的观点，是错误的。只要在扩大自主权与加强控制之间取得平衡，进行有效控制，就会完全在自己的掌控之中。

给人才一个舞台

【名言】

管得少，就是管得好。

——杰克·韦尔奇

【故事】

有些企业家和经理人，之所以不愿过多地授权，甚至是不授权，是因为认为自己是最优秀的，授权给下属，下属会把事情搞糟，而且始终相信自己能把事情做好。诚然，在企业初创时期，规模小，人员少，经理人事必躬亲，还有可能应付得过来，但随着规模不断扩大，自然也就力不能及，这时再不授权，整天忙个不停，也会顾此失彼，就算铁打的人身体也吃不消。

聪明的管理者即使自己很优秀，他也知道还有比自己更优秀的人，他的职责就是如何寻找并发挥这些人的智慧，来完成自己的工作。这正如管理专家旦恩·皮阿特所说："能用他人智慧去完成自己工作的人是伟大的。"

许多著名企业家留下的名言，也验证了这句话。"钢铁大王"安德鲁·卡耐基说过："如果把我的厂房设备、材料全部烧毁，但只要保住我的全班人马，几年以后，我仍将是一个钢铁大王。"洛克菲勒则这样说："如果把我剥得一文不名丢在沙漠的中央，只要一行驼队经过——要不了多久，我就可以重建一个王朝。"

他们的这些豪言壮语，无不显示了他们卓越的能力，也显示了他们成功的秘诀，那就是运用他人的智慧。

还有一个传奇人物，他绝顶聪明，但更聪明的是他善于使用人才，这个人就是比尔·盖茨。在关于比尔·盖茨的种种传说中，有一个故事是这样的。

地球将毁灭。上帝对比尔·盖茨说："因为你是世界首富，所以我允许你离开地球到另一个星球去生活，但你只能带走一样东西。你想带走你的财富还是别的什么呢？"比尔·盖茨回答："不，我将带走我公司里最优秀的 20 个人！"

这个故事无疑是杜撰的，但人们都知道它并非空穴来风，因为比尔·盖茨在 1992 年说过这样一句话："如果把我们顶尖的 20 个人才挖走，那么，我告诉你，微软就会变成一家无足轻重的公司。"

微软从创业开始起，比尔·盖茨就没停止过寻找优秀的人才为自己工作。据说无论在何处，只要他发现是需要的人才，便不惜任何代价，必欲得之而后快。

比尔·盖茨在 1991 年决定发展微软研究院时，第一件事情就是煞费苦心地说服里克·雷斯特到微软公司主持这个项目。在 6 个月的时间里，计算机领域一些最有名的人物接二连三来到宾州，替微软公司做说客，这些人全是比尔·盖茨请来的。其中有 DEC 公司（美国数字设备公司）的戈登·贝尔，还有微软公司的首席技术官奈森·梅尔沃德，其情形很像中国古代刘备三顾茅庐请诸葛亮。里克·雷斯特终于答应加入微软，他对比尔·盖茨说："我准备寻找 50 个比我更优秀的人到研究院来。"比尔·盖茨开心地大笑道："难道这世界上真有那么多比你还优秀的人吗？统统请来！"从那时起，里克·雷斯特请来的计算机专家不是 50 个，而是 500 个。

请来优秀的人才，就要授权让他们承担重要的工作，如果只是把人才摆在那儿，那对企业和人才都是一种巨大的浪费。人才得不到授权，无法施展才能，自然会离开。福特汽车公司的创始人亨利·福特很早就提出"要使汽车大众化"的宏伟目标，但是这个目标不是他一个人提出来的。他从 1889 年开始，曾两次创办汽车公司，结果均遭到失败。

1903 年，他第三次创办公司，聘请了一位叫詹姆斯·库兹涅茨的管理专家出任经理。正是这位詹姆斯·库兹涅茨，通过深入细致的市场调查，帮助亨利·福特做出了"要使汽车大众化"的决策；也正是这位詹姆斯·库兹涅茨，为福特公司组织设计了第一条汽车装配流水线，使劳动生产率提高了 80 多倍。

然而，当亨利·福特被冠以"汽车大王"的称号后，他却被胜利冲昏了头脑。他变得狂妄自大、刚愎自用、独断专行，尤其听不得不同意见。于是，公司的人才纷纷离去，最后连詹姆斯·库兹涅茨也不得不另觅新枝，而公司之外的人才对公司更是望而却步。

福特公司失去了往日的生机和凝聚力，丧失了开拓进取的能力。在 19 年的时间里，它只向市场提供了一个车型——亨利·福特本人钟爱的黑色 T 型车。结果，到了 1945 年福特二世接班时，福特公司每月亏损已达 900 多万美元。

福特二世接管公司后，不惜高价，聘请了著名的"神童小组"（以桑顿为首的 10 名卓有才华的年轻军官组成，其中包括后来出任肯尼迪政府国防部长的麦克纳马拉），又挖来了通用汽车副总裁欧内斯特·布里奇负责福特公司的工作。布里奇又带来了通用汽车公司的几名高级管理人员威廉·戈塞特、路易斯·克鲁索和哈罗德·扬格伦。这些人对公司进行了一系列改革，使公司重新焕发了生机。公司利润连年上升，并推出了一种外形美观、价格合理、操作方便的"野马"轿车，创下了福特新车首年销售量的最高纪录，把"福特王国"又一次推向了事业的高峰。正是在"野马"车的开发、销售过程中，新星李·艾柯卡表现出了杰出的才能，后来担任公司的总经理。

然而，后来福特二世也走上了他父亲的老路，他不仅专权拒谏，甚至嫉贤妒能。布里奇、麦克纳马拉等人被迫离开了福特公司。他又以突然袭击的手段连连解雇了艾柯卡等三位经理，最终整个公司人心浮动，人才外流，福特公司再次陷入困境。面对难以挽回的败局，福特二世不得不辞去公司董事长职务，结束了福特家族77年的统治。

正所谓"成也用人，败也用人"。尊重人才，授权给人才，让人才发挥智慧为自己工作，是聪明管理者的用人之道。

【解读】

聪明的经理人即使自己很优秀，也知道还有比自己更优秀的人，他的职责就是如何寻找优秀人才并发挥这些人的智慧，来完成自己的工作。尊重人才，授权给人才，人才才会发挥智慧为你工作。一个人即使再优秀，再有精力，事必躬亲也会顾此失彼，身体也吃不消。

全员决策效率高

【名言】

企业管理过去是沟通，现在是沟通，未来还是沟通。

——松下幸之助

【故事】

"通力合作"的理念是GE（通用电气）的董事长兼首席执行官杰克·韦尔奇1988年9月逗留在位于纽约的克鲁顿维尔期间提出来的。像往常一样，他在那里向前来进修的通用电气经理人员讲演。听众们频频向他发问，其中有些问题是他几年来多次听到的。有些问题更是让他大为恼火，这些以前就曾提出的问题居然还未由进修回去的经理人员加以解决，甚至还显示出进一步恶化的迹象。

杰克·韦尔奇找到了病根，那就是公司内官僚主义严重，仍然存在着根深蒂固的等级制度。老板只与他所直接领导的高级经理对话，同样高级经理只对其下层的低级经理对话，而只有低级经理才会与基层雇员对话。尤为严峻的是，基层雇员的职责只是工作，而不能向上级提出他们自己改进工作的意见。这就造成了政令不畅和上层领导听不到基层意见的现象。

实际上，这种现象在当今很多企业里依然存在，高层经理人只依赖下一级经理，并对他们充满信任，以为这就是授权。以此类推，各部门各自为政，公司高层领导根本听不到基层的声音，了解不到真相。这样很难发现问题，高层领导看似高枕无忧，其实内部问题屡现。不爆发则已，一爆发就是灾难。

杰克·韦尔奇认为，通过激发基层员工的潜能和工作热情，同时要求经理们去回答问题，而不仅仅是发号施令，才会结束这种顽固不化的传达命令的等级链条，从而使员工和经理们同舟共济，去解决问题。

解决之道就是向基层员工授权，让基层员工参与管理，也就是实施全员决策管理，这就是"通力合作"计划。通力合作的前提条件很简单：一线工作人员对于自己的工作比老板更熟悉了解，促使这些员工将他们所掌握的情况和盘托出的最佳方式就是：授予他们更多的权力；获得了更多的权力之后，员工相应地应该对自身的工作负起更大的责任。

在杰克·韦尔奇的支持和鼓励下，"全员决策"制度得以顺利执行。这使那些平时没有机会互相交流的员工、中层管理人员都能出席决策讨论会。人们在这种去除了等级差别的交谈中坦陈自己的观点，交流经验，并对一些不合理的环节和制度提出修改意见。

具体做法是公司定期召开一个为期三天的研讨会，地点设在会议中心或饭店。组织者负责从公司上上下下各阶层中挑选出 40 ~ 100 名员工，组成研讨团。会议开始第一天，由一位经理介绍具体的业务经营状况，该业务的优势和劣势所在，以及它在通用电气公司整体战略部置中的地位和作用。然后这位经理离场，并回避接下来的会议。下一步，是将参加的员工分成 5～7 个小组，每组由一名会议协调员带领。每组选定一个日程，然后开始为期一天半的研讨。在第三天，原先那位经理重新回到研讨会，听取每组代表的发言。在听完建议后，这位经理只能做出三种选择，即当场同意，当场否决或进一步询问情况，并限定一个截止日期，确保在此之前给予答复。

参加过这种研讨会的一位经理阿曼德·洛宗回忆说："虽然只进行了半个小时，我却紧张极了，出了一身汗。面对着 108 条不同的提议，我要迅速地做出答复，是或者不是，不能有半点含糊。"结果，除了 8 条提议外，其余全部获得通过。

接下来是四大后续行动：第一，指定某人记下所有的提议，制成备忘录，每项提议之后注明行动步骤，作为检查该项提议是否得以贯彻的依据。第二，将备忘录迅速发到每一位与会者手中，由与会者验证备忘录是否确切反映了通力合作会议最后阶段与经理商讨的内容。第三，备忘录散发给公司内的每一个人。第四，在每一项提议的旁边，标注着一个通力合作与会者的名字，此人称为"倡导者"，负责跟踪提议的落实情况，他会通过通力合作的组织者，将该项提议每一步实施通知给与会的每一个人，确保按时完成。

"全员决策"活动提供的各项建议为公司节省了大量的时间和金钱。比如，根据一项提议，公司实施的结果是，本公司的职工打败了另一家公司的员工，赢得了为打磨机制造防护板的项目。通过这个项目，公司发现了管理上的漏洞和评估上的缺陷。再比如，落实提议之后，公司制造一台燃烧喷气发动机上的关键部件由以前的 30 周，缩短到 8 周，后来只需 4 周。负责制造加工的员工们还在商讨 10 天内完成任务的可能性。这在之前是根本不可能实现的，因为上报这个改进计划就需要一年的时间。

"通力合作"计划的开展,打破了公司中官僚主义的弊端,减少了繁琐的程序,激发了全体员工、尤其是基层员工的工作积极性。"通力合作"计划之所以取得了成功,就在于授予了基层员工权力,让他们感觉受到了重视。通用电气公司飞机发动机厂的一位电工对《财富》杂志说:"20世纪以来,别人一直要求你闭上嘴巴,这时有人让你毫无顾虑地大胆说话,你一定会畅所欲言的。"

福特汽车公司也认识到全员决策管理的好处,在公司内部实施全员参与管理。20世纪70年代到90年代,日本汽车大举占领美国市场,使福特汽车1978~1982年的销量每年下降47%。1980年出现了34年来第一次亏损,这也是当年美国企业史上最大的亏损。1980~1982年,3年亏损额达33亿美元。与此同时,工会也是福特公司面临的一大难题。面对这两大难题,福特公司在5年内扭转了局势。原因是从1982年开始,福特公司除了精简机构,在生产、工程、设备及产品设计等几个方面都作了突破性改革外,还鼓励全部员工参与公司事务的管理,加强内部的合作性和投入感。

"参与制"的最主要特征是将所有能够下放到基层的管理权限全部下放,对员工报以信任的态度并不断征求他们的意见。这使管理者无论遇到什么困难,都可以得到员工的广泛支持,那种命令式的家长作风被完全排除。同时,这种员工参与管理制度,在某种程度上缓和了劳资双方势不两立的冲突矛盾,改变了管理阶层与员工阶层泾渭分明的局面,大大减轻了企业的内耗。

目前,福特公司内部已形成了一个"员工参与"程序。员工投入感、合作性不断提高,福特现在一辆车的生产成本减少了195美元,大大缩短了与日本车的差距。

聪明的企业家和经理人都会在企业内部建立起一套"全员决策管理"机制,将能够下放的权力全部下放,授权让基层员工参与管理决策，这样既会消除管理死角，还能提高效率，增强企业的凝聚力。那些任凭管理人员高高在上，不去激发基层员工参与管理的积极性的企业家和经理人，要么变成"睁眼瞎"，要么被下面的经理人员架空，在轻松自在的背后，其实蕴藏着一场灾难。

【解读】

聪明的企业家和经理人都会在企业内部建立起一套"全员决策管理"机制，将能够下放的权力全部下放，授权让基层员工参与管理决策，这样既会消除管理死角，还能提高效率，增强企业的凝聚力。那些任凭管理人员高高在上，不去激发基层员工参与管理的积极性的做法是错误的。这会造成企业内政令不畅和上层领导听不到基层意见的现象。高层领导看似高枕无忧，其实内部问题丛生。不爆发则已，一爆发就是灾难。

真正做到当家做主

【名言】

授权的真正手段是给人以责任。赋予权力，要让他们负起责任，并要保证有一个良好的报告反馈系统。

——汤姆·法默

【故事】

授予员工参与管理的权力，的确会调动员工的工作积极性，增强企业的凝聚力，提高企业的整体管理水平。但哪些权力该下放，哪些权力应该掌控在管理者手中，管理者对这个问题理解不同，也决定了授权的效果不一样。

很多管理者认为，授予员工参与管理的权力，就是让一线员工"参政"、"议政"，允许一线员工发表意见和建议，至于具体如何做，还得由经理人决策。如果让一线员工自己做主解决问题，就可能会发生更大的问题。

在杰克·韦尔奇推行"通力合作"计划，向一线员工授权的时候，很多经理人员也存在这种担心。但杰克·韦尔奇举了一个例子，打消了这些人的疑虑。在肯塔基州路易斯维尔"器具工业园区"的装配线，产品的移动并不因工人有没有完成规定的动作而变动，因而工人若未完成动作，而产品一样往前输送，不良品自然增加。杰克·韦尔奇改变了这个规定，他要求装配线上每一个阶段的工人，对自己的半制成品是否要往前输送有最后的决定权。许多经理人认为这行不通，因为这可能导致生产线的混乱或停滞，但结果却是，装配线移动得更快，而且产品品质大幅提高。

可见，当你授予一线员工更大权力的时候，他的责任感也增强了。在这种责任感的驱使下，他会充分发挥创造力和主动性，把工作完成得更好。所以，与其抱着患得患失的心态向一线员工授权，不如让一线员工自己做主，激发他们最大的创造力和主动性。

詹森维尔公司的规模不大，是一家典型的美国式家族企业，但是自从 1985 年下放权力以来，企业发展迅速，其中的奥妙在哪里呢？

公司下放权力的一个主要手段，就是让现场的工作人员来制定预算。一般传统的做法，公司的整个预算由公司的财务人员来完成。詹森维尔公司却"别出心裁"，让一线现场工作人员学会预算，然后整个预算过程从在公司财务人员的指导下完成，变为主要由现场工作人员自己设计生产线，自行制定预算，财务人员只是把把关而已。如果生产线上需要添置新设备时，就由现场工作人员提供一份自己完成的现金流量分析，以证实设备添置的可能性，形成报告后上达公司。

这项措施开始奏效后，詹森维尔公司为了激发每一位员工更大的主动性，又大胆撤销了人事部门，成立了"终身学习人才开发部"，支持每一位员工为自己的梦想奋斗。每年还向每位员工发放学习津贴，对学有成效的员工发给奖学金。就这样，实行权力下放以来，20世纪90年代，公司的经营形势十分好，销售额每年递增15%，比调资幅度高出了整整一倍。詹森维尔公司的CEO的体会是：权力要下放才行，一把抓的控制方式是一种错误，最好的控制来自人们的自制。

从这个案例中可以看出，用传统的眼光来看，有些本该属于上层管理人员的权力，一线员工拥有后，照样会把工作做好。也就是说，有些所谓上层管理人员的管理权力，并不是上层人员所独有的。当把这些权力下放给一线员工后，一线员工也会行使，也会把工作做好。

聪明的管理者从不把向一线员工授权当作"摆摆样子"，而是把能下放的权力全部下放，让一线员工自己做主。当一线员工意识到自己能够主宰自己的命运、彰显自己的价值时，谁都无法阻止他们发挥自己的创造力和主动性。相反，如果把向一线员工授权当做取悦一线员工的花招，只是摆样子，管理的权力仍然握在经理人员手里，当一线员工去行使权力的时候，发现还需要向上级主管报告，等待着上级主管决策，那不亚于一瓢凉水浇进心底，员工的工作积极性就会大大受挫，造成的不良后果还不如不授权。

当然，也不是所有的管理权力都能够下放给一线员工，但是当把该下放的权力下放时，那就一定要让一线员工自己做主。

【解读】

聪明的经理人从不把向一线员工授权当作"摆摆样子"，而是把能下放的权力全部下放，让一线员工自己做主。当你授予一线员工更大权力的时候，他的责任感也增强了。在这种责任感的驱使下，他会充分发挥创造力和主动性，把工作完成得更好。认为让一线员工自己做主解决问题，就可能会发生更大的问题的观点是错误的。与其抱着患得患失的心态向一线员工授权，不如让一线员工自己做主，激发他们最大的创造力和主动性。

控权犹如放风筝

【名言】

民主是在静脉和动脉中循环的健康血液，肌体的正常功能靠它维持，但它决不应出轨，就像血不能流出脉管一样。

——柯尔律治

【故事】

管理专家彼特·史坦普曾经说过："权力是一把'双刃剑'，用得好，则披荆斩棘无往不胜，用得不好，则伤人害己误事。成功的企业领导不仅是授权高手，更是控权的高手。"

授权是一门艺术，控权同样是一门艺术。然而，有很多管理者学会了授权，但并不通晓控权，甚至认为授权后，就应该给予下属充分的信任，不该再去过问下属的工作，对任何事都不闻不问，否则会让下属感到不被信任，打击下属的积极性。现代管理学大师彼得·德鲁克说过："授权不等于放任，必要时要能够时时监控。"可见，即使充分授权，也不等于放任不管。

克里斯托弗·高尔文是摩托罗拉创始人的孙子。1997年，他接任公司CEO时，就充分授权，认为应该完全放手，让高级主管充分发挥能力。然而自 2000 年以来，摩托罗拉的市场占有率、股票市值、公司获利能力连连下跌。摩托罗拉原是手机产业的龙头老大，市场占有率却只剩下 13%，诺基亚则占 35%；股票市值一年内缩水 72%；更让他难堪的是他上任后的 2001 年第一季度，摩托罗拉创下了 15 年来第一次亏损纪录。美国《商业周刊》为高尔文的领导能力打分，除了远见分数是 B 之外，他在管理、产品、创新等方面都得了 C，在股东贡献方面得了 D，分数低得可怜。

导致这个结果的主要原因，就是高尔文过于放权，拖延决策，不能及时纠正下属出现的问题。有一次，行销主管福洛斯特向高尔文建议，把业绩不好的广告代理商麦肯广告撤换掉，但高尔文对麦肯广告的负责人非常信任，所以迟疑了很久，表示应该再给对方一次机会。结果拖了一年后，麦肯持续表现不佳，高尔文才最后同意撤换。在摩托罗拉失败的卫星通讯铱星计划上，这一点得到了充分的证实。卫星计划平均每年亏损 2 亿美元，但高尔文却迟迟没有叫停，给摩托罗拉带来了重大损失。

除此之外，高尔文放手太过，根本不会适时掌握公司真正的经营状况。他一个月才和高层主管开一次会，在写给员工的电子邮件中，谈的也只是如何平衡工作和生活。就算他知道情况不对，也不愿干涉太多，以免下属难堪，这显然属于授权失误。

摩托罗拉曾推出一款叫"鲨鱼"的手机。在讨论进军欧洲市场的计划时，高尔文知道欧洲人喜欢简单、轻巧的机型，而鲨鱼体型厚重而且价格昂贵，高尔文却只问了一句："市场调研结果真的表明这个项目可行吗？"行销主管说："是。"高尔文就没有再进一步讨论，而让经理人推出这款手机，结果"鲨鱼"手机在欧洲市场连个浪花也没泛起。还有一次，摩托罗拉公开宣布要在 2000 年卖出 1 亿部手机，而销售部员工几个月前就知道这一目标根本不可能实现，只有高尔文还被蒙在鼓里。

民主篇

高尔文虽然放手，但是公司组织并没有出现他所期望的活力，而且还形成了一个庞大的官僚体系。摩托罗拉原有 6 个事业单位，由各经理人自负盈亏。由于科技内容的综合交叉，产品界限已分不清楚，于是摩托罗拉进行改组，将所有事业结合在一个大伞下。结果是，整个组织增加了层级，反而变成了一个大金字塔。

一直到 2001 年年初，高尔文才意识到问题的严重，他害怕摩托罗拉的光辉断送在自己的手上，于是开始进行调整。他开除了首席运营官，让 6 个事业部直接向他报告，并开始每周和高层主管开会。高尔文改变过去"过于放权"的作风，力挽狂澜，终于见到了一些成效，但并没有取得明显好转。2003 年，在董事会的指责下，高尔文被迫辞职。

充分授权本是好事，但授权后不管不问，尤其是在发现错误后还优柔寡断、拖延纠正，对企业的杀伤力是非常大的。可见，授权后就放任不管，是一种错误的做法。但是，如果授权后干涉太多，又会失去授权的意义。如何在授权与控权之间寻找平衡呢？著名国际战略管理顾问林正大认为："授权就像放风筝，部署能力弱则线就要收一收，部署能力强了就要放一放。"这句话形象地阐明了授权与控权的艺术。风筝既要放，又要有线牵。光牵不放，飞不起来；光放不牵，风筝也飞不起来，或者飞上天空失控，并最终会栽到地上。只有倚风顺势，边放边牵，放牵得当，才能放得高，放得持久。

具体地说，第一，授权要根据下属的能力而授。领导者向下属授什么权，授多大权，要根据下属能力的高低而定。能力强的，可以多授予一些权力，让其多承担一点责任；能力弱的，可以先少授一些权，待能力提高以后，再逐步增加授权。因此，在授权之前，领导者应对被授权者、分配工作的难易程度及工作要求这两个方面进行全面、仔细的考察和分析，以便把适宜的权力与责任授予最合适的人选。如果授权过少，等于浪费人才；如果授权过度、过早，则会毁掉人才。

1988 年宏基电脑在市场畅销后，施振荣决定进一步扩大公司的规模，便招募了一批新的高级管理人员。其中一位叫刘英武，他是普林斯顿大学计算机专业博士，曾在 IBM 公司的一个软件开发实验室担任电脑部主管达 20 年之久，是美国电脑界最有声望的华人之一。施振荣看中了刘英武的阅历，对他非常器重，任命他为宏基执行总裁，把经营决策权交给了他。

刘英武走马上任后就马不停蹄地把 IBM 的企业文化精髓灌输进宏基，这样宏基原有的"人性本善"的企业文化理念便在无形中被淡化了。刘英武召集经理们开马拉松式的会议，让他们听从他的决定。后来，一位经理回忆道："强迫大家同意总裁的观点与以前宏基的风格大相径庭，所以很多人离开了公司。"

刘英武的独断造成了宏基以后一系列的失败，公司业绩不断下滑，许多下属对他的能力表示怀疑，随后便纷纷抱怨起来。但施振荣认为，总得给人机会，所以仍然支持刘英武，但是宏基的经营状况并没有因施振荣对刘英武的信任而好起来。这时施振荣逐渐也意识到对刘英武的任命是一个错误。他说道："我认为 IBM 是世界上管理最好的电脑公司，刘英武理所当然比我更有能力和经验。但他不是企业家，我对他授权太多了，太早了。"

然而，施振荣没有因为公司出现的财务亏损而责备刘英武，而是自己在 1992 年 6 月向董事会提出辞去董事长职务。董事会由于钦佩和相信他的领导才能，拒绝了他的辞职请求。不久，刘英武便在下属们的抱怨声和自己的不甘心中离开了宏基。

第二，授权之后，领导者依然要对分配出去的工作进行掌控，并不是放任不管。领导者在发布授权指令后的一定时期，应亲自观察命令的执行情况，监督进度；或者在授权的同时与下属商定，命令下达后，下属应定期呈报命令执行的说明，然后领导者再把出现的问题或建议反馈给下属，辅导下属朝着正确的方向发展，但不要干涉太多，让下属感到不愉快。就像放风筝的那根线，在空中几乎看不见，似乎没有线牵制风筝，但风筝却牢牢掌握在控制之中。

聪明的经理人都是放风筝的高手，该牵时牵，该放时放，风筝愈飞愈高而不失控。像放风筝那样授权，才是授权的最高境界。

【解读】

聪明的管理者都把授权当作放风筝，该牵时牵，该放时放，风筝愈飞愈高而不失控。一是授权要根据下属的能力而授。如果授权过少，等于浪费人才；如果授权过度、过早，则会毁掉人才。二是授权之后，领导者依然要对分配出去的工作进行掌控，而不是放任不管。充分授权本是好事，但授权后不管不问，尤其是在发现错误后还优柔寡断、拖延纠正，对企业的杀伤力是非常大的，这属于错误的授权。

有不平就投诉

【名言】

我们认为这是不言而喻的真理，一切人生来都是平等的。

——托·杰弗逊

【故事】

在一个组织里，如果存在着不公平的现象，比如员工受到了不公平的待遇、主管人员徇私舞弊，却又没有申诉途径进行解决，将会出现怎样的情况呢？那自然会使组织内部的管理更加黑暗，员工的工作积极性遭受重创，这样的企业又怎么能有更好的发展呢？聪明的管理者会设置投诉程序，给员工向上投诉的机会，给予公正的解决。

在 IBM 公司，制定了一项称之为"伸张正义"或者"敞开大门"的制度，是由沃森一世在 20 世纪 20 年代创立的。其内容是公司的每一个员工都可以就公司的管理问题、自己所受到的不公平待遇等向 IBM 的最高管理层提出意见或申诉。因为沃森一世出身贫寒，在奋斗的过程中他深感不平等给人的心灵带来的痛苦，给事业上造成的障碍。在成为最高管理者后，他就决定按尊重人的原则来管理公司，在公司里创造人人平等的企业文化，让每一个员工都有平等感，有实现自己抱负的均等机会。

有一次，IBM 波基普西的一个即将被开除的工人，写信给董事长汤姆·沃森说："我干的活最多，但拿的工资却最少，这是公平的吗？"汤姆·沃森经过调查发现，波基普西工厂的管理人员将员工在家庭生活中的个人表现与公司的收入分配联系起来，这显然是不公平的。汤姆·沃森批评了这个工厂的管理者，这个工人不仅被留了下来，并且还提高了工资。汤姆·沃森认为，一个企业的最高管理者可能犯的最严重的错误，就是对主管人员和员工采取双重标准。作为一名企业家或经理人，应该对主管人员和员工一视同仁。

再看一下美国联邦快递公司是如何做的。在美国联邦快递公司，经理与员工的区别仅仅是分工不同而已。也许经理在待遇和权限上要比一般员工好和大，但是这并不意味着经理就可以怠慢员工。为了保证每一名员工都得到公正的待遇，美国联邦快递公司设置了一个超级投诉程序，员工可以投诉自己的经理，甚至是对更高的管理层提出自己的异议。

当员工出现与经理有不能解决的争执或者是对经理的处罚意见表示不满时，他可以通过这个投诉程序向经理的经理来投诉，经理的上级必须在 7 个工作日之内做出书面答复；如果员工仍然不满意，7 天之内还可以投诉到地区副总裁那里，副总裁也要在 7 日之内做出书面答复；如果员工仍然不满意，那么可以投诉到地区总裁那里，总裁会在 7 日之内通过召开研讨会给其最后的书面答复。如果员工担心经理的报复，那么他可以申请调职。员工和经理的纠纷可直达公司高层，由高层裁决，这在最大限度上避免了因纠纷引起的不和与内耗。

在美国联邦快递，曾发生过这样一件事：有一天，联邦快递公司内的风险管理部门接到警方来电，告诉他们在一栋办公大楼的租户报案，说他的车子早上停在停车位上，被一辆联邦快递的运货车擦撞，但是车主是经由一位目击者的转告才知道的，所以没有记下任何车子的资料。

该部门的经理获悉情况后，随即利用数位辅助调配系统（DADS）发送一则信息，要当天在附近执行递送任务的运务员与服务站联络。到了下午两点半，一位运务员回到服务站，慌慌张张地向经理报告，他早上值勤时撞到一辆停在旁边的车。

运务员的报告指出是在他要将货车倒入停车位时，不小心撞到停在左边的车子，他赶紧下车检查对方车辆的受损情况，车子损害不大，加上担心会延误到后续的快递流程与时效，所以赶着去送货而没有马上报告发生的事故，但是他绝对不是有意隐瞒不报，而是想在送完货后回服务站再立即呈报。他坦承自己的处理有过失，愿意接受公司的处分。

营运经理在评估整个事件后，认为运务员延迟了3个小时才汇报是事实，然后在肇事后驶离现场，也没有留下任何信息给车主，这明显违反公司对车祸回报的规定，因此做出了开除这位运务员的处分。

这位运务员得知后立即向上级主管提出申诉。经申诉会议重新审视案件的所有文件资料，认定这位运务员事实上在回到服务站后即刻主动地向经理报告，在事件过程中没有证据可以显示他故意隐瞒实情，但是没有即时汇报是事实，所以虽然让这位运务员复职，但仍做出停职两周的处分，以让他理解立即汇报意外事件对公司的重要性。

设置投诉程序，让员工的意见和建议上诉到更高的管理层，并解决相关问题，是消除不公平现象、同时也是对管理者进行监控的有力手段。只有这样才能化解矛盾，消除不公平现象，避免管理失控，激发被授权者和员工的积极性，促进工作更好地开展。

【解读】

针对可能出现的不公平现象和营私舞弊现象，聪明的管理者会设置投诉程序，让员工向上投诉，进行公正的解决。作为被授权的管理者，相对来说，比员工在地位上有优越性，这就容易在管理过程中滋生不公平的现象，打击员工的积极性。授权人有责任消除这种不公平现象，以增强组织的凝聚力。同时管理者们有可能觉得大权在握，暗地里做出一些营私舞弊的事情。如果设置了投诉程序，员工就可以把发现的问题向上投诉，这自然让那些管理者有所顾忌，而不敢"知法犯法"。从这方面来说，设置投诉程序，是对管理者监控的一种有效手段。以授权为由，不理睬员工的投诉，或者将员工的投诉反馈给相关管理者，让他们自行处理的做法是错误的。

民主篇

拿下属当伙伴

【名言】

我们平等的相爱，因为我们互相了解，互相尊重。

——列夫·托尔斯泰

【故事】

我们经常在企业里听到或看到这样的口号或标语："爱企如家"、"以厂为家"。作为企业的管理者，他们希望员工像热爱自己的家一样热爱企业，把企业当做自己的家一样看待，从而满腔热情地去做好每一项工作。然而，真要达到这样的效果，仅凭挂几幅标语是不够的，必须真正让员工有企业即家的归宿感，让员工打心眼里把企业当做家一样对待。

有一家公司，它不把员工当作雇员看待，而是当作公司的合伙人，让员工感觉到公司是自己开的，这就是沃尔玛公司。公司总裁山姆·沃尔顿认为，顾客、员工和股东都是公司的上帝。公司发展要靠员工团结一致地献身工作，公司也要照顾好它的员工，让他们感到像是在一个大家庭里，自己是公司的重要一员。

沃尔玛把员工当作企业的合伙人来对待，在沃尔玛的术语中，公司员工被称为"合伙人"，管理者和员工的关系也是真正意义上的伙伴关系。

山姆·沃尔顿提出"关心自己的合伙人，他们就会关心你"，培养员工"爱公司如爱家"的精神。公司对员工利益的关心并不只是停留在口头上或是几条标语式的企业文化理论，而是有一套详细而具体的实施方案。公司将"员工是合伙人"这一概念具体化的政策是三个互相补充的计划：利润分享计划、雇员购股计划和损耗奖励计划。

1. 利润分享计划。公司保证每一个在公司工作了一年以上，以及每年至少工作 1000 小时以上的员工都有资格分享利润。运用一个与利润增长相关的公式，沃尔玛把每个够格的员工的工资按百分比归入这个计划，员工们离开公司时可以现金或股票方式取走这个份额。

2. 雇员购股计划。员工可以通过工资扣除方式，以低于市值 15% 的价格购买股票。现在，沃尔玛已经有 80% 以上的员工借助这两个计划拥有了沃尔玛公司的股票，而其他的 20% 的员工基本上都是还不够资格参与利润分享的。

3. 损耗奖励计划。因为损耗是零售业的大敌，沃尔玛控制这一纰漏的方法是与员工们共享公司因减少损耗而获得的赢利。如果某家商店将损耗控制在公司的目标之内，该店的每个员工都可获得奖金，最多可达 200 美元。结果，沃尔玛的损耗只是行业平均水平的一半，而且它还促使员工们彼此增加了信任感。

　　沃尔玛一直致力于建立与员工的合伙关系，让员工理解只有公司这个"大家"发展了，才会使每个"小家"获得相应的利益，从而共同努力推动沃尔玛向前发展。让员工能够从公司获得"合伙人"一样的利益，而不仅仅得到雇员的报酬，是把员工当做合伙人的关键和象征。让员工持有公司的股票，可以说是最能体现这一象征的一种方法。

　　20世纪最后20年中，"认股权"可以算做美国公司制度一项划时代的改革，其意义绝不亚于1914年亨利·福特所实行的"日薪5美元"。很难说这是谁的发明，但可以肯定的是，微软是实行这一制度最成功的企业。

　　微软公司的"认股权"制度，简单地说，就是公司掏钱做本金来帮助员工购买自己公司的股票，赔了是公司的，赚了是员工的。作为微软的正式员工，任何人在进入微软之前都将与公司签订聘用合同。合同中规定了员工享有的种种权利，其中一项即为"认股权"。股权的数额根据员工的技术级别而定，少则数百股，多则数千股。高级技术人员和管理人员得到的股票期权可达数万甚至数百万股。

　　在通常情形下，从合同生效之日开始计算，一个月后公司股票的市场价格，也就是员工"认股权"的价格。每工作一年，"认股权"即获得一定数量的增加，也可以像股市上的投资者一样，享有"配股"的权益。员工只需记住你的股权数额以及股权价格，而不必花任何钱来购买，一年之后，可以卖掉"认股权"当中的一部分，以后逐年卖出，在公司工作满四年半的时候，即可全部卖掉首批"股权"。原定"认股"价格与当时市场价格之间的差额，就是员工的收入。

　　如果股票升值，每年都可以通过出售股票来获得现金。如果股票贬值甚至低于你认股时的价格，员工也可以不要。当然，员工如果并不亟需用钱并且对公司有足够的信心，也可以把股票一直攥在手里不卖，但不能超过7年。另外，每个人还可以用工资10%的部分，以市场价格

民主篇

189

85%的折扣购买微软股票，另外15%由公司出资补偿。

在比尔·盖茨的坚持下，公司每年都会给员工分送新的"认股权"。同"老权"一样，"新权"也必须到一定期限方能认购，所以员工无论在什么时候离开公司，手中都会有或多或少尚未到期的"认股权"作废。这样看来，一个微软职工，无论什么时候离职或者退休，都会造成直接损失，所以"认股权"又被员工戏称为"金手铐"。

给员工戴上"金手铐"，实质上是让员工有了归属感，真正享受到了"合伙人"的感觉和待遇，才会真正把企业当成自己的家，自觉自愿与企业共谋发展。

聪明的企业家和经理人，会运用股票期权、奖励等形式，给予员工最大的利益，并将员工利益与企业利益捆绑起来，让他们感觉到自己是老板和股东的合伙人，从而激发起满腔热情和工作积极性，不遗余力地为企业工作。

如果企业的拥有者和领导者，吝啬钱财，以为按时足额给员工发放工资就是很大度了，甚至还不时降低工资来压缩成本，员工又哪来的积极性呢？又怎会"爱企如家"、"以企为家"呢？

【解读】

聪明的企业家和经理人会致力于建立与员工的合伙关系，让员工理解只有公司这个"大家"发展了，才会使每个"小家"获得相应的利益，从而共同努力推动企业向前发展。他们会运用股票期权、奖励等形式，给予员工最大的利益，并将员工利益与企业利益捆绑起来，让他们感觉到自己是老板和股东的合伙人，从而激发起满腔热情和工作积极性，不遗余力地为企业工作。对员工利益的关心仅仅只是停留在口头上或是几条标语式的企业文化理论上，以为按时足额给员工发放工资就是对员工的恩赐，甚至还不时降低工资来压缩成本，是不能激发员工的工作热情的。

民主篇

公平对待成与败

【名言】

失败也是我需要的，它和成功对我一样有价值。

——爱迪生

【故事】

员工做出了业绩，按照绩效奖励制度给予奖励，甚至还对有功人员分发奖金之外的红包，自然会对员工起到极大的激励作用。但下属在工作中出现"失败"呢？给公司造成损失呢？

有的经理人会对当事人进行处罚，或者罚款，或者降职，以引起员工的重视和警戒。这是不是最好的处理方法呢？

GE（通用电气）董事长兼首席执行官杰克·韦尔奇这样认为："不只奖励成功，而且奖励失败。"他激励失败的方法是，在人们失败的时候给他们鼓劲，因为他们已经承受了震撼，奖励失败是为了鼓励人们具备承担风险的勇气。他强调："我们必须让职员明白，只要你的理由、方法都是正确的，那么即使结果失败，也值得鼓励。"在 GE，有一项2000 万美元的投资计划，曾因为不可预测的市场因素变化而导致失败，但推动该计划的经理仍然得到升迁和红包，而参与计划的 70 位职员也每人获赠一台录像机。

奖励失败，这是积极向上和富于创新精神的环境的典型特征之一。在创新和探索过程中，出现失败是正常的，如果这时给予严厉的处罚，就会把员工的创新精神和积极性一棍子打死，就会影响到以后的工作。

民主篇

而一个公司的所有员工都因为害怕失败而缩手缩脚地工作，那整个公司就失去了创新能力，就很难有更大的发展。

IBM 的一位高级负责人，曾由于在创新工作中出现严重失误而造成公司 1000 万美元的巨额损失，为此他心里非常紧张，许多人也向公司董事长提出应把他革职开除。但董事长却认为一时的失败是创新精神的"副产品"，如果能继续给他工作的机会，他的进取心和才智有可能超过未受挫折的人，因为挫折对有进取心的人来说是一针最好的激励剂。

第二天，董事长把这位高级负责人叫到办公室，通知他调任同等重要的新职。这位负责人非常惊讶地说："为什么没有把我开除或降职？"董事长说："若是那样做，岂不是在你身上白花了 1000 万美元的学费？"后来，这位高级负责人以惊人的毅力和智慧为公司做出了杰出的贡献。

聪明的经理人会提拔、奖励和支持敢于冒险的人，并且给予他们从错误中学习的机会，而不是把失败者看作一个无能的败将，冷落一边，甚至弃之不用。他们认为失败是一笔财富，失败是成功之需。

微软对每一名员工灌输正确对待失败、尊重失败的思想，甚至提出"没有失败，说明工作没有努力"，因此在微软工作的人从不惧怕失败，他们将失败看做是任何事情走向成功的必经之路。

在微软，对待失败，不是进行批评、斥责或者评估损失，而是进行"残酷无情"的剖析，失败的结果直接促使员工去尝试新的实现可能。正是这种正确的失败观，成就了微软一次次令对手胆寒的成功。用微软自己的话就是"失败是成功之需"。

30 多年来，微软一路坦途，但比尔·盖茨认为，要习惯失败是成功的基础。比尔·盖茨常常雇用在其他公司有失败经验的人做其助手，借用他们的经验避免重蹈覆辙。

格里格·曼蒂曾经营一家计算机系统公司，公司倒闭后被微软聘为部门主管，负责筹划如何把新技术用来制造消费产品，并在后来的经营中获得了成功。

比尔·盖茨最为欣赏的人是福特汽车创始人福特和通用汽车创始人斯隆。比尔·盖茨办公室里有一张福特的照片，作为激励，也作为警惕。因为福特梦想做出便宜好用的交通工具，创造出汽车世纪，但最后由于执著地坚持原来的信念而不能持续进步，20年后霸主地位被后起的通用取代。悬挂他的照片，既是对他普及汽车全民化的崇敬，又是对他失败的一种反思。

不仅如此，微软还有提拔曾犯错误的员工的优良传统。1984年的微软Excel软件，在上市后被发现有重大瑕疵，当时的产品经理硬着头皮去见比尔·盖茨详述此事，建议将上市产品全数收回。比尔·盖茨告诉他："今天你让公司损失了2500万，我希望明天你表现得好一点。"这个产品经理——杰夫·雷克斯，后来成为微软内部顶尖的主管之一。

宽容员工的错误，并不是鼓励员工继续失误，而是让他们从中吸取教训。索尼公司的创始人之一盛田昭夫就这样对下属说："放手去做好认为对的事，即使你犯了错误，也可以从中得到经验教训，不再犯同样的错误。"所以他认为，责罚犯了错误的员工并不是最主要的，关键是要找出犯错误的原因。

正确看待下属的"失败"，当奖励这种"失败"会激发员工的创新精神和工作积极性时，就要敢于奖励失败，有时这种奖励比奖励成功更具有激励作用。既奖励成功，也奖励失败，一个都不能少。

【解读】

奖励失败是积极向上和富于创新精神的环境的典型特征之一。在创新和探索过程中，出现失败是正常的，如果这时给予严厉的处罚，就会把员工的创新精神和积极性一棍子打死，就会影响到以后的工作。而一个公司的所有员工都因为害怕失败而缩手缩脚地工作，那这个公司就失去了创新能力，就很难有大的发展。聪明的经理人会提拔、奖励和支持敢于冒险的人，并且给予他们从错误中学习的机会，而不是把失败者看

民
主
篇

193

做一个无能的败将，冷落一边，甚至弃之不用。他们认为失败是一笔财富，失败是成功之需。

宽容员工的错误，并不是鼓励员工继续失误，而是让他们从中吸取教训。责罚犯了错误的员工并不是最主要的，关键是要找出犯错误的原因。只奖励成功，不奖励失败，有失偏颇，甚至会打击员工的创新精神和工作积极性。

培养热情的"内企业家"

【名言】

自由应是一个能使自己变得更好的机会。

——加　缪

【故事】

让员工接受别人的领导，与让员工去领导别人，对员工产生的激励作用，显然大不相同。前者员工的工作热情需要领导者去激发，而后者员工的工作热情会自动激发出来，因为后者为员工提供了最大的机会去实现自我价值。帮助有才能的员工实现自我价值，给予他们足够大的权力和自由，让他们充分发挥聪明才智，是有效的方法之一。比如，在企业内培养"内企业家"。

所谓"内企业家"，是指在别人创办的企业中，去从事自己感兴趣的创新活动。只有极个别创新中的佼佼者，有志于办公司当经理，有幸被公司赏识重用聘为公司经理，但依然在母公司的管辖范围内工作。这些人被称为"企业内的企业家"，简称为"内企业家"。

3M公司（明尼苏达矿务及制造业公司）一直以来努力创造一个有助于产品创新的内部环境。它鼓励每一个人开发新产品，公司推行"15%规则"，这项规则允许每个技术人员可用15%的时间来"干私活"，搞个人感兴趣的工作方案，而不管这些方案是否直接有利于公司。

"15%规则"在提供自由发挥空间的同时，也肯定了一点：要创新，就不可避免会犯错误。3M公司知道在成千上万个构思中最后成功的只是凤毛麟角。公司里对此有一个很形象的比喻："亲吻青蛙"——为了发现王子，你必须与无数个青蛙接吻。"亲吻青蛙"意味着经常会失败，但3M公司把失败和走进死胡同作为创新工作的一部分。

3M公司的任何一名工作人员，无论其职位和地位高低，如果他向公司提出他的科研成果或新设想，并要求进一步推广的话，都能从公司获得一定的人力、物力和财力的支持。

对于突出贡献者，公司通常给予优厚的物质奖励，一次性奖励一般为年薪的5%~20%。这些奖金在3M公司被誉为"3M公司内部的诺贝尔奖"。在3M公司"内企业"工作的"内企业家"，一旦获得创造发明者的称号，即获得个人为期5年的自行选择科研项目的权利。

在3M公司，新产品搞出来了，不仅意味着薪金的增加，还包括职位晋升。比如开始创新时是一位基础工程师，当他创造的产品进入市场，他就变成了一位产品工程师，当产品的销售额达到100万美元，他的职称、薪金就变了。当销售额达到2000万美元时，他已成了"产品系列工程经理"。在达到5000万美元时，就成立一个独立产品部门，他也成了部门的开发经理。3M公司内部还设有一个"进步奖"，每年都会将这一奖项授予那些新产品开发后3年内在美国销售额达200多万美元，或者在全世界销售额达400万美元的风险小组。

3M公司的组织结构有利于鼓励员工提供科研的设想，并努力实现它。公司现有"内企业家"100多个，"内企业家"的工作积极性很高，为公司发展做出了突出贡献。

民
主
篇

当然，有些创新产品，一时可能找不到它的用处，也就是说无法实现市场价值，但它的市场价值一旦被挖掘出来，就会为公司赢来滚滚利润。

有一次，3M公司的科学家斯宾塞·西尔维想开发一种超强黏合剂，但是他研制出的黏合剂却不是很黏。他把这种似乎没什么用处的黏合剂交给其他的3M公司科学家，看看他们能找到什么办法来使用它。几年过去了，工作一直没有什么进展，眼看这一发明将被束之高阁，但是一次偶然的机会，3M公司的另一个科学家阿瑟·弗赖伊萌生了一个创意，使这种黏合剂成为我们现在生活中不可缺少的东西。弗赖伊博士在当地教堂做礼拜唱诗时，发现很难在赞美诗集中做记号，因为他夹的小纸条经常掉出来。他在纸片上试着涂了点西尔维博士的弱黏合剂，结果这张纸条不仅黏上了，并且后来撕下来时也没有弄坏赞美诗集。这便是3M公司的报事贴的起源，该产品现已成为全世界办公领域的畅销产品。

杜邦公司也和3M公司一样，从制度上允许自己的员工可以利用5%~15%的工作时间去研究开发他们感兴趣的创新项目，并给予做出贡献的"内企业家"一定的奖励。这种制度使得杜邦公司的"内企业家"们能够有一个可以自由支配的时间去实现自己的设想，把设想变为现实，给公司带来许多创新产品。在加入杜邦公司前曾在哥伦比亚大学教化学的实验化学家斯蒂芬尼·克沃克，利用这段自由时间从事自己喜欢的超强纤维项目的研究，她在确信可以制造出来的时候，才告诉她的上司，这种自由支配的制度避免了一些新设想在初始阶段就被扼杀的危险。

20世纪60年代初，两名杜邦公司实验站的技术人员买了为公司内部使用而研制的气体色层谱仪的技术使用权，成立了一个小公司出售气体色层谱仪。1962年，他们把这个小公司卖给了惠普公司，这两名技术人员因此成了百万富翁。这件事使杜邦公司非常恼火，于是公司组织了几支风险队伍，把其他内部研制的仪器商品化，让本公司的"内企业家"们成立许多仪器企业，这些企业至今在公司的销售额中仍占据相当大的比重。

从这件事可以看出，给予创新者经营自己科研成果的权力，让他们成为"内企业家"，是规避创新成果"流失"的有效方式。帮助创新者实现自己的最大价值，也是帮助企业获得最大的利益。

聪明的管理者会给予员工最大的自由和权力，让他们充分发挥自己的才能，去实现自己的最大价值，这也是一种最有效的激励方式。相反，如果处处限制员工的自由和权力，员工只会被动地敷衍工作，又哪来的工作积极性呢？而管理者的工作压力无形之中也加大了。

【解读】

让员工接受别人的领导，与让员工去领导别人，对员工产生的激励作用，显然大不相同。前者员工的工作热情需要领导者去激发，而后者员工的工作热情则会自动激发出来，因为后者为员工提供了最大的机会去实现自我价值。培养"内企业家"，就是帮助员工实现最大的自我价值，同时也是帮助企业获得最大的利益。给予创新者经营自己科研成果的权力，让他们成为"内企业家"，这是规避创新成果"流失"的有效方式。如果处处限制员工的自由和权力，员工只会被动地敷衍工作，管理者只会自己承受更大的压力，别无益处。

民
主
篇

倾听不同的声音

【名言】

只愿说而不愿听，是贪婪的一种形式。

——德谟克利特

【故事】

管理者在跟下属沟通的时候，尤其是在做出某项决策的时候，有时候会听到不同的意见，有的管理者为此感到不悦，即使嘴上不说，心里也暗自排斥。而有的管理者则非常希望听到不同的声音，以此来检验和修正自己的观点，找到最佳的解决途径。哪一种做法是正确的呢？显然，后者的做法是科学和有效的。看一下那些卓越的经理人是如何做的。

当有人问及通用汽车公司为何如此成功时，总裁艾弗雷德·斯隆坦言，通用汽车公司的成功靠的就是"听不到不同意见就不决策"的决策理念。斯隆在任通用汽车公司总裁时，把提出不同意见作为决策中一个系统的方法来运用。

有一次，他主持会议讨论一项重要决策，在大家充分发言后他说："在我看来，我们大家都有了完全一致的看法了。"会议出席者都点头表示同意，但是斯隆突然话锋一转："我现在宣布休会！这个问题延迟到我们能听到不同意见时再开会决策。"与会者先是一愣，接着都开心地笑了。后来，事实证明斯隆避免了一个错误的决策。

斯隆做决策从来不靠"直觉"，他说："在没有出现不同意见之前，不做任何决策。"斯隆知道，只得到掌声的决策不是好决策，意见一致是因为每一个人都没有认真地做好自己的工作，没有完成自己的准备工作。他想要的是不同的意见，他也积极地敦促不同意见的产生。

斯隆先后领导通用汽车公司 33 年。他刚到通用汽车公司时，通用汽车公司在美国汽车市场的占有率只有 12%，可是到 1956 年他退休时，通用汽车公司的市场占有率上升到 56%。斯隆在总结通用汽车公司的经验教训时，深深体会到，一个企业的成败关键在于你的决策是否正确。决策正确，执行中即使出现些偏差也是可以弥补的；而决策失误，是最大的失误，执行中任何措施都难以补救。因此，斯隆上任后，把科学决策和民主决策放在首位，广开言路，认真听取各种不同意见。

不同意见并不是决策人的"拦路虎"，它恰恰能够使你在反对的声音中找到更加清晰的通达成功的正确道路。没有反对声音的所谓"共识"，往往蕴藏着极大的危险。只有对各种不同的意见进行认真而科学的分析和研究，才会找到正确的解决之道。

英特尔公司的上层管理者经常会提醒部属说："如果我有哪些想法不对，或不切实际，希望你们直截了当地说出来。"因为他们明白，只有公开交换意见，采纳各种观点，才能提出最好的解决方案。1984年，当英特尔公司开发386的作业正如火如荼地进行时，就出现过一个很好的案例。

原本386的设计目标是要加入快取记忆体，但工程部门在处理上有些困难。由于公司认为快取记忆体是提升处理器性能非常重要的因素，因此对这样的结果很不满意，坚持要这一小组无论如何要找出解决的方法。然而有几个人不同意公司决策层的这个见解，跑去找总裁，于是双方开始辩论放入快取记忆体的优劣得失。有一个人说："由于摩托罗拉现在已经抢先推出了32位元的产品，我们应该尽所有可能赶快让386上市，以免丧失商机。"也就是说，公司坚持要加入快取记忆体，显然会延误产品上市的时间，386晶片的体积也会更大。更糟糕的是，由于过去从没有将快取记忆体放入微处理器的先例，公司得花更多的时间去说服客户采纳。如此一来，等于给竞争对手提供了更充裕的时间，去占领市场。

在听完所有意见后，决策层很快就同意了这个建议，并决定将386的快取记忆体拿掉。后来，事实证明这是明智的决定，386较原先计划更早上市，而英特尔也因此在32位元微处理器的竞赛中，将摩托罗拉甩在了后面。

由于这一组人勇于表达他们的不同见解，清楚地陈述他们的理由，将最终目标谨记在心，公司终于能做出最正确的决定。如果当时他们不敢提出不同于上司的见解，那就可能延误商机，这段与摩托罗拉较劲的历史可能就要改写。

这个事例也说明了公司领导者重视员工表达不同意见、营造开放的民主的反馈机制的重要性。如果一个经理人不喜欢听到不同的声音，迫于这种压力，员工有意见也不敢提，在这样的众口一词下，又怎能发现问题，进而解决问题呢？

有的经理人不愿听取不同的意见，是因为自以为自己的决策是正确的，不喜欢自己决策时受干扰。

听听那些不同的声音，在比较论证之下，才会找到正确的意见，所以，一定要先听到不同的声音，再做出决策。

【解读】

不同意见并不是决策人的"拦路虎"，它恰恰能够使你在反对的声音中找到更加清晰的通达成功的正确道路。没有反对声音的所谓"共识"，往往潜藏着极大的危险。只有对各种不同的意见进行认真而科学的分析和研究，才会找到正确的意见。聪明的管理者在做决策时，会非常欢迎听到不同的声音，以此来检验和修正自己的观点，找到最佳的解决之道。

有的管理者不愿听取不同的意见，是因为相信自己的决策是正确的，不喜欢自己决策时受干扰。所谓"兼听则明，偏信则暗"，即使你的决策是正确的，这种做法也是不可取的。只有在比较论证下，才能产生最正确的意见。

权力交给小团队

【名言】

合法而稳定的权力在使用得当时很少遇到抵抗。

——塞·约翰逊

【故事】

一个企业随着规模的不断扩大和人员的不断增加，管理上的难度也会相应增大，甚至会使管理者产生无从下手的困惑。

微软公司的"小团队"建设也许是一个解决的好办法。拥有近 10 万名员工的微软，在沉闷僵化的体制和过于松散的混乱状态之间选择自己的路。比尔·盖茨这样说："即使我们是大公司，也不能像大公司那样思考问题，否则的话我们就完了。"因此，微软公司不断地将下属组织分解成不超过 200 人的团队。这也意味着管理更加细化，管理者不仅需要保证信息在成百个小团队之间顺畅流通，还必须做好每个团队的规划，使得他们能够在新的机会面前大步前进。由此可见，公司团队建设要从小团队建设开始，公司越大，越要抓好小团队建设。

20 世纪 60 年代中期，日本经济迅速发展，成为世界经济大国，竞争力跃居世界前列。为探求日本经济迅速提升的秘密，以美国为首的西方国家对日本企业展开了深入的研究。研究发现，如果以日本最优秀的员工与欧美最优秀的员工进行一比一的对抗赛，日本的员工多半不能取胜，但如果以班组和部门为单位进行比赛，日本人总是会占上风。原因在于，欧美的企业是由少数人来主导的，工作由上级以命令的形式发布。在个人主义盛行、鼓励个人奋斗的欧美社会，组织内经常会发生内耗，形成不了合力。而在日本的企业中，员工有着强烈的归属感，故而工作勤奋认真，将全身心都投入到企业中，而企业则能充分发挥全体员工的智慧，注意调动每一位员工的能动性，培养协作精神，组成坚强的团队，从而产生了强大的凝聚力。这一结果表明，团队能够使公司的生产水平提高和利润增加，使公共部门的任务完成得更彻底、更有效率。这也就是团队盛行的原因所在。

团队可以以班组的形式存在，也可以针对一项任务，由几个人组成

民
主
篇

一个团队。团队建设的核心内容是培养团队成员优势互补、彼此协作的团队精神，在创建团队的时候，管理者不仅要考虑成员之间的友情，最重要的是考虑成员之间的知识、资源、能力或技术上的互补性，充分发挥个人的知识和经验优势。当然，还要赋予团队相应的权力，让团队成员充分放开手脚，大胆做事。反之，团队就会形同虚设，发挥不出应有的作用。

甲、乙、丙三人被公司同时选定实施一个项目，并指定甲为工作协调人的角色，主要负责将任务提交，每周将具体的工作进度和相关情况向公司领导汇报，而没有权力监督执行的结果。由于乙、丙对现场环境缺乏认识，而且又是第一次进入现场项目组，以前在工作中养成的散漫习性逐渐暴露出来，使项目仅进行了两周，就出现了严重的延迟现象。甲出于工作目的向乙、丙提意见，但乙、丙以甲无权干涉为由不予理睬。最终，甲因无法忍受客户的投诉，向公司提出建议，进一步明确项目成员的责任，尤其是增加自己协调人的管理职能。公司针对现场情况，授权甲管理和协调现场的人员。于是，甲用了一周时间将现场工作和开发的注意事项传达给乙和丙，发生疑问必须立即在团队内部交流。又过了一周，项目的进展情况终于得以改观。

从以上案例可以看出，团队成员缺乏协作，是由于责任不清，而这又是因为授权人没有下放相应的权力。这也是管理者进行团队建设时经常忽视的问题。

1993年，松下电器出现超常规的发展势头，员工增加到14000多人，这在制造业中算中等企业，在电器界可以说是屈指可数的大企业。松下幸之助深知，任何企业在规模较小时，业主能单枪匹马、有效地驾驭整个企业的大小事务，然而随着企业的扩大、员工的增多，业主就会逐步感到力不从心，造成企业整体或局部失控的状态。

松下电器的经营状况虽然良好，但也出现过短期的局部失控现象。虽然及时扭转了局面，但给松下的教训是极为深刻的。

松下幸之助曾把工厂的日常管理交给得力的人去负责，因工厂没有相对独立，管理者仍不敢大胆行使权力，事事还得向松下幸之助汇报，请求裁定决策。这让松下幸之助感到：一定得下放权力，一定得相对独立。

第二年，松下幸之助采取惊人之举，大刀阔斧推行"事业部制度"。松下幸之助把收音机部门改为第一事业部，任命井植岁男为部长；把车灯和电池部门改为第二事业部，井植薰担任部长；把配线器具、合成树脂及电热器等部门合并成第三事业部，自己担任部长。

这样一来，每一个事业部就像一个小型企业，在生产、销售、财务、研发等方面都相对独立，拥有一定的自主权。部长负该部盈亏的全部责任。其实，每一个事业部，又是一个大的团队，发挥出了团队应有的作用，也就有效解决了管理上力不从心的问题，还强化了公司内部的竞争机制。

大企业，小团队，是克服"大企业病"的有效途径。小团队建设会让企业在市场竞争中更加灵活主动，管理上更加从容。管理者们，要想从繁杂的管理中解脱出来，又能打造企业的竞争力，就从加强小团队建设开始吧！

【解读】

公司团队建设要从小团队建设开始，公司越大，越要抓好小团队建设。小团队建设会让企业在市场竞争中更加灵活主动，管理上更加从容。团队建设的核心内容是培养团队成员优势互补、彼此协作的团队精神，在创建团队的时候，管理者不仅要考虑成员之间的友情，最重要的是考虑成员之间的知识、资源、能力或技术上的互补性，充分发挥个人的知识和经验优势。当然，还要赋予团队相应的权力，让团队成员充分放开手脚，大胆做事。反之，团队就会形同虚设，发挥不出应有的作用。

民
主
篇

优势互补，形成合力

【名言】

一块砖头砌不成墙，一根木头盖不成房。

——民间俗语

【故事】

民主篇

有一个拉绳实验，先把被试者分成 2 人组、3 人组和 8 人组，要求各组用尽全力拉绳，然后要求这些被试者单独用尽全力拉绳。不管是分组拉绳还是单独拉绳，都用灵敏度高的测力器分别测量各组和每个被试者的拉力并进行比较。测量和比较的结果是，2 人组的拉力只是这 2 人单独拉绳时拉力总和的 95%，3 人组的拉力只是这 3 人单独拉绳时拉力总和的 85%，而 8 人组的拉力则降到这 8 人单独拉绳时拉力总和的 49%。

由此可见，人在合作的时候，往往产生一种依赖思想而偷懒，出工不出力，出现 1 + 1 < 2 的现象。有人把这总结成定律：一个人敷衍了事，两个人互相推诿，三个人则永无成事之日。这就是"华盛顿合作定律"。这个定律虽然有些偏激，但也道出了合作的艰难和复杂性。人与人的合作不是简单的人力相加，只有在各自的职位上尽职尽责、倾尽全力，才能形成合力，达到 1 + 1 = 2 的效果。

一个管理者在建设团队时，不应只是把几个人组合到一起，还应该建立起责任制和激励机制，消除团队成员的惰性，激发他们的主观能动性，这样才能避免"华盛顿合作定律"现象的出现。

再来看一个经典的军事理论。甲、乙两国都有自己的骑兵。甲国的骑兵特点在于技艺精良，凶猛剽悍，个人战斗素质比乙国骑兵高，个人战斗能力比乙国骑兵强。乙国骑兵的特点在于部队训练有素，虽个人力量比甲国骑兵弱，但由于有组织有号令，团队战斗力反而比甲国强，10个有组织的乙国骑兵能打败15个甲国骑兵，1000个乙国骑兵组织起来能打败1500个甲国骑兵。

可见，人才固然重要，但如果缺乏组织和管理，各自为战，人才本身的力量就会大打折扣，因此管理者在强调识别人才、使用人才时，一定不要忽略了团体协作配合的作用。一等人才加上一流的协作，会产生惊人的力量；二等人才加上一流的配合，会超过一等人才的力量或与之相当。也就是说，团队成员只有在协作配合后，才会达到 1 + 1 > 2 的效果。

在组织团队时，要遵循优势互补的原则，也就是说，每个人都具有不同的特长，在某一方面某个领域具有丰富的经验，这样合作起来才能发挥最大的效力，产生 1 + 1 > 2 的效果。

有关研究表明，要想成功运作一个团队，需要三种不同技能类型的人：

1. 需要具有技术专长的成员。

2. 需要具有解决问题和决策技能，能够发现问题，提出解决问题的建议并权衡这些建议，然后做出有效选择的成员。

3. 需要具有若干善于解决冲突的成员。

有效的团队具有一个大家共同追求的目标，它能够为团队成员提供推动力，这种共同目标一旦为团队所接受，在任何情况下，都能把团队成员凝聚在一起。

在优势互补的基础上，还要注意人员的匹配。在一个团队里，成员应该互相包容，彼此欣赏、尊重和信任，不但在业务上有互补性，在性格上也有互补性，这样整个团队才会为共同的目标而彼此协作，这样才

205

能实现 1 + 1 > 2 的效果。

有这样一个案例。三个能力很强的企业家合资创建了一家高新技术企业，并且分别出任董事长、总经理和常务副总经理。一般人认为这家公司的业务一定会欣欣向荣，然而结果却令人大失所望，企业非但没有赢利，反而连年亏损。其原因是不能协调，三个人都善决断，谁都想说了算，又都说了不算，结果管理层内耗导致企业严重亏损。发现这一问题后，董事会召开了紧急会议，研究对策，最后决定请这家公司的总经理退股，改到其他公司投资，同时免掉他总经理的职务。有人猜测这家亏损的公司在经历撤资打击后，必然会垮掉，没想到在留下的董事长和常务副总经理的通力合作下，竟然发挥了公司最大的生产力，在短期内使生产和销售总额达到原来的两倍！而那位改投资其他企业的总经理，担任那家公司的董事长后，充分发挥自己的能力，表现出卓越的经营才能，也创造了不俗的业绩。

人力资源的配置是管理者团队建设必须要考虑和处置得当的问题，否则一群优秀的人组合在一起，不但发挥不出合力，还会引起内耗，导致管理失控。

1 + 1 > 2，不是异想天开，只要团队管理得当，完全能够做到。作为一个管理者，这是必须要实现的目标，否则带领的团队将经不起激烈的竞争，自己也难有作为。

【解读】

在建设团队时，不应只是把几个人组合到一起，还应该建立起责任制和激励机制，消除团队成员的惰性，激发他们的主观能动性，这样才会避免"华盛顿合作定律"现象的产生。要遵循优势互补的原则，也就是说，每个人都具有不同的特长，在某一方面某个领域具有丰富的经验，这样合作起来才能发挥最大的效力，实现 1 + 1 > 2 的效果。在优势互补的基础上，还要注意人员的匹配。在一个团队里，成员应该互相包

民主篇

容，彼此欣赏、尊重和信任，不但在业务上有互补性，在性格上也有互补性，这样整个团队才能为共同的目标而彼此协作，这样才能达到 1 + 1 > 2 的效果，否则一群优秀的人组合在一起，不但发挥不出合力，还会引起内耗，导致管理失控。

一碗水端平

【名言】

公正不但必须做到，为了令人信服，它还必须被人看到。

——比奇科默

【故事】

随着社会的进步和经济的发展，人们对公正的要求也越来越高，享受公正的待遇成为人们追求并维护的权利，在一个公司和团队里同样如此。这就要求管理者胸怀一颗公正之心，处事公正，这样才会赢得员工的爱戴和信赖，也才能激发员工的团队精神和工作积极性，促进企业持续健康地向前发展。

摩托罗拉公司就十分重视公正对于员工的意义，他们在人事上的最大特点就是能让他的员工放手去做，在员工中创造一种公正的竞争氛围。公司的创始人保罗·高尔文对待员工非常严格，但非常公正，正是他的这种作风，塑造了后来摩托罗拉在人事上和对待竞争对手时，有一个独特公正的风格。

早在创业初期，员工们都没有正式的岗位，不过是一些爱好无线电的人聚集在一起。这时，有个叫利尔的工程师加入了摩托罗拉。他在大

民主篇

学学过无线电工程，这使得那些老员工产生了危机感，他们不时为难利尔，故意出各种难题刁难他。更出格的是，当高尔文外出办事时，一个工头故意找了个借口，把利尔开除了。

高尔文回来后得知此事，把那个工头狠狠地批评了一顿，然后又马上找到利尔，重新高薪聘请他。后来，利尔为公司做出了巨大的贡献，向高尔文充分展示了自己的价值。在公司后来的发展过程中，摩托罗拉公司干活的人很多是一些有个性的人，当他们发生争执时都吵得非常厉害。但高尔文作为老板，以他恰当的人际关系处理方法，使他们在面对各种艰难工作时，能够团结一致，顺利前进。

管理者在处理事务时，无论是奖惩，还是人事安排，都不能背离一碗水端平的准则，尤其是当自己涉入其中时，处理起来更要公正。不然，只去处理别人，而把自己置身事外，就失去公信力和说服力了。

1946年，日本战败后，松下公司面临极大的困境。为了渡过难关，松下幸之助要求全体员工振作精神，不迟到，不请假。然而不久，松下幸之助本人却迟到了10分钟。松下幸之助迟到是有客观原因的。本来，他上班是由公司的汽车来接的。那天，他早早起来，赶往阪急线梅田站等车。可是左等右等，车总是不来。看看时间差不多了，他只好乘上电车；刚上电车，见汽车来了，便又从电车上下来乘汽车。如此折腾，到公司的时候一看表，迟到了10分钟！原来是司机班的主管督促不力，司机又睡过了头，接松下幸之助就晚点了10分钟。按照规定，迟到要批评、处罚的。松下幸之助认为必须严肃处理此事。首先以不忠于职守的理由，给司机以减薪的处分。其直接主管、间接主管，也因为监督不力受到处分，为此共处理了8个人。松下幸之助认为对此事负最后责任的，还是作为最高领导的社长——他自己，于是对自己实行了最重的处罚，退还了全月的薪金。

仅仅迟到了10分钟，就处理了这么多人，连自己也不饶过。此事深刻地教育了松下公司的员工，在日本企业界也引起了很大的震动。

制度面前人人平等，无论是普通的员工，还是高级主管、经理人，都要一视同仁，一碗水端平。

处事公正是优秀管理者必须具备的品德之一。不要被手中的权力冲昏头脑，而去做有失公正的事情，无论对于企业，还是对于管理者自己，都是有百害而无一利的。

【解读】

没有平等没有公正就没有民主。作为一个管理者，应胸怀一颗公正之心，处事公正，才会赢得员工的爱戴和信赖，也才能激发员工的团队精神和工作积极性，促进企业持续健康地向前发展。

管理者在处理事务时，无论是奖惩，还是人事安排，都不能背离一碗水端平的准则。尤其是当自己涉入其中时，处理起来更要公正。

民主篇

放下架子，走近基层

【名言】

他的谈吐总是平易近人的，这种单纯既掩饰了他对某些事物的无知，也表现了他的良好的风度和宽容。

——列夫·托尔斯泰

【故事】

士光敏夫重建东芝时，曾有这样一段插曲。士光敏夫就任该公司的社长时是昭和四十一年（1966 年），东芝正笼罩在不景气的危机中，业绩极端不振。身负重建重任的士光敏夫，首先做的事就是到全国的工厂四处巡回，以 70 岁的高龄搭乘夜行列车，每天四处巡视工厂，和工厂的人们谈话。例如在姬路工厂时，下雨也不撑伞，就在众多员工的面前侃侃而谈："我喜爱人，我相信人的可能性，我相信各位都会为突破东芝目前的危机而拼命努力，虽然很辛苦，但请各位一定要加油。"

倾听谈话的员工们，看见士光敏夫被雨水淋得湿透，仍不断地鼓励他们，感激之情油然而生，终于全体员工也收了伞，追随着士光敏夫前进。当全身湿透的士光敏夫要回去时，大家都以泪眼相送。

士光敏夫为了重建东芝，在工作方面严格地督促全体员工，因此在就任社长的第二个年度，业绩就奇迹般的恢复了。

从这个故事中，我们看到了一个领导者平易近人的个人魅力，以及这种魅力给企业带来的凝聚力和为企业发展带来的巨大的推动作用。对管理者来说，平易近人实在是一种不可或缺的品格，它对于提升个人魅力和凝聚团队具有非常关键的影响。

平易近人，通俗地说，就是没有架子，具有亲和力。作为一个管理者，不要经常板着一副威严的面孔，不要总是摆出一副领导的派头，这样只会让下属对你望而却步，产生隔阂，你就很难从下属那里听到真实和有价值的意见和建议。

CA 公司（国际联合电脑公司）的创始人王嘉廉就是平易近人的榜样，他没有老板的架子，与员工在一起时常不忘与对方幽默或自嘲一番，有时员工笑得前仰后合。尤其在开会的时候，作为董事长的王嘉廉总是把气氛搞得红火热烈，与会人员在会上畅所欲言，各抒己见，连董事长的讲话也常被打断。开会的人坐态各异，甚至有人在大吃大喝。王嘉廉本人也有许多幽默的小动作，比如他一会儿猛拍桌子叫好，一会儿唱歌，一会儿把卫生纸揉捏成团，像投篮球似的将纸团丢进纸篓中。他说："用这种轻松的方式来谈论生硬的电脑主题，会刺激人的思维活力。"王嘉廉对下属很少用反面的评语，倒是正面评语很多，很简短，很风趣。比方说："你做对了，孩子！""这是个很棒的点子。""妙，太妙了！""你真聪明！""你怎么跟我想到一块了！"

王嘉廉的乐观开朗与他的幽默风趣相得益彰。1990 年 4 月，CA 第一次世界性销售人员大会在达拉斯举行，王嘉廉与罗斯（创业伙伴）坐在主桌上，大会奏着 CA 的主题曲，这是一个感人的场面。大会开幕之际，有人介绍王嘉廉，他站了起来，每个人也都跟着站起来，只见王嘉廉用双臂抱着罗斯说："嘿！小鬼，我们办到了！"在场的人目瞪口呆，想不到大老板原来是这般风趣和活跃。

平易近人，就应该跟下属和员工打成一片。这就要求管理者经常走出办公室，到基层去，到员工中去，嘘寒问暖，了解情况，而不是整天坐在办公室老板桌的后面，冲着下属指手画脚。

作为索尼的缔造者和最高首脑，盛田昭夫具有非凡的亲和力。他喜欢和员工接触，经常到各个下属单位了解具体情况，争取和较多的员工直接沟通。稍有闲暇，他就到下属工厂或分店转一转，找机会多接触一些员工。他希望所有的经理都能抽出一定的时间离开办公室，到员工中间去，认识、了解每一位员工，倾听他们的意见，调整部门的工作，使员工处在一个轻松、透明的工作环境中。

有一次，盛田昭夫在东京办事，看时间有余，就来到一家挂着"索尼旅行服务社"招牌的小店，对员工自我介绍说："我来这里打个招呼，相信你们在电视或报纸上见过我，今天让你们看一看我的庐山真面目。"一句话逗得大家哈哈大笑，气氛一下由紧张变得轻松。盛田昭夫趁机四处看一看，并和员工随意攀谈家常，有说有笑，既融洽又温馨，盛田昭夫和员工一样，沉浸在一片欢乐之中，并为自己是索尼公司的一员而倍感自豪。

还有一次，盛田昭夫在美国加州的帕洛奥图市看望索尼公司的一家下属研究机构，负责经理是一位美国人，他提出想和盛田昭夫合几张影，不知行不行。盛田昭夫欣然应许，并说想合影的都可以过来，结果短短一个小时，盛田昭夫和三四十位员工全部合了影，大家心满意足，喜气洋洋。末了，盛田昭夫还对这位美籍经理说："你这样做很对，你真正了解索尼公司，索尼公司本来就是一个大家庭。"

一次，盛田昭夫和太太良子到美国索尼分公司参加成立 25 周年的庆祝活动，夫妇二人特意和全体员工一起用餐，然后又到纽约和当地的索尼员工欢快野餐。最后，又马不停蹄地赶到阿拉巴马州的杜森录音带厂以及加州的圣地亚哥厂，和员工们一起进餐、跳舞，狂欢了半天。盛田昭夫感到很开心，很尽兴，员工们也为能和总裁夫妇共度庆祝日感到荣幸和自豪。盛田昭夫说，他喜欢这些员工，就像喜欢自己的家人一样。

依靠索尼高层管理者的这种亲和力，公司里凝聚形成一股强大的合作力量，并借着这么一支同心协力的队伍——他们潜心钻研、固守岗位、自觉负责、维护生产、不为金钱追求事业，勇于开拓他乡异国的销售事业，索尼公司才能屡战屡胜，一步一个脚印，在高科技优新产品的开发上，把对手一次又一次地甩在后面。

沃尔玛公司的总裁萨姆·沃尔顿也经常视察和参观一些公司的商店，询问一下基层的员工"你在想些什么"或"你最关心什么"等问题，通过与员工们聊天了解他们的困难和需要。沃尔玛公司的一位职员回忆说："我们盼望董事长来商店参观时的感觉，就像等待一位伟大的运动员、电影明星或政府首脑一样。但他一走进商店，我们原先那种敬畏的心情立即就被一种亲密感取代。他以自己的平易近人把笼罩在他身上的那种传奇和神秘色彩一扫而光。参观结束后，商店的每一个人都清楚，他对我们所做的贡献有感激之情，不管它多么微不足道。每个员工都似乎感到了自身的重要性。这几乎就像老朋友来看你一样。"

管理者们，放下架子，收起威严的面孔，走到员工中间去吧。平易近人地跟下属和员工相处，他们才会跟你心贴心、心连心，公司的凝聚力和战斗力也会随之大大增强。

【解读】

平易近人，就是没有架子，具有亲和力。作为一个管理者，不要经常板着一副威严的面孔，不要总是摆出一副领导的派头，这样只会让下属对你望而却步，产生隔阂，你就很难从下属那里听到真实和有价值的意见和建议。平易近人，就应该跟下属和员工打成一片。这就要求管理者经常走出办公室，到基层去，到员工中去，嘘寒问暖，了解情况，而不是整天坐在办公室老板桌的后面，冲着下属指手画脚。

保持不变的尊重

【名言】

要尊重自己，首先要尊重别人。

——箴　言

【故事】

尊重下属是一个管理者谦逊个性和健全人格的反映，由此也会赢得下属的尊重和信任。然而，有的管理者自以为位高权重，做起事来不考虑下属的感受，有意无意地伤害下属的自尊，这自然遭到下属的反感和疏远，不利于培养下属的忠诚度。尊重员工，现在已成为很多优秀企业价值观的一部分。看一下他们是怎么做的。

老托马斯·沃森在 1914 年创办 IBM 公司时设立了三条"行为准则"，分别是必须尊重个人；必须尽可能给予顾客最好的服务；必须追求优异的工作表现。这三条准则对公司的成功所贡献的力量，被认为比任何技术革新、市场销售技巧或庞大的财力所贡献的力量都大。小托马斯·沃森在 1956 年接任公司总裁后，将该准则进一步发扬光大，上至总裁，下至传达室，无人不知无人不晓。

在沃森父子的眼中，公司最大的资本是人，而不是机器和资金。IBM 公司原营销副总裁巴克·罗杰斯指出，很多公司不重视自己的雇员和顾客，这是极端失策的行为。IBM 不是这样，公司的英雄是营销人员——IBM 的大人物。在 IBM 公司人人参与推销，同时人人受到尊重。尊重，使 IBM 公司的职员个个充满自信、自尊、自强的精神，使他们成为世界上目的最明确、效率最高的营销大军。

IBM 可能是最早积极实施以员工为重心的美国公司。IBM 的历史就是一部强调尊重、重视员工的历史。即使在最细微的小地方，也反映了这一特色。当你一走进纽约的 IBM 经销分处，第一眼就可看见一大块从地面到天花板的大型布告栏，贴满了各部门全体员工的相片，下面附有："纽约的……最有特色的员工"。

IBM 有许多小地方都表现出了重视员工的政策。老沃森的大半时间都在各地服务，一天工作十几个小时，几乎每天晚上都在他数不清的员工俱乐部参加各种晚会和庆祝活动。他喜欢跟员工说话，他并不是个好奇的监工，却是员工的老朋友。

IBM 的每件事都让员工引以为傲，这是 IBM 以员工为重心的政策的关键。罗杰斯就指出："我们求好心切，追求美誉，引以为荣。"

过去有很多公司以公开的残暴行为来侮辱雇员，或者用转弯抹角的方法来打击他们的自尊，或者粗暴地对待他们应拥有的权利。老沃森对此非常厌恶，他真诚希望尊重每个员工的权利和自尊，希望每个为他工作的人都会对自己和他的工作感到心情愉快。他非常向往能够建立起他营销大军的自尊，他说："我希望 IBM 的推销员能够被人青睐，受人尊敬。我希望他们的妻子儿女为她们的丈夫或父亲感到骄傲。我不想他们的母亲当被问到孩子在哪里工作时躲躲闪闪，羞于回答。"

小沃森也说："通过我们对人们的尊重和帮助人们自己尊重自己这样简单的信念，我们公司就肯定能赢利。"

确实，在管理者的带领下，当彼此尊重成为一种企业文化，管理者和员工之间还有什么不能沟通的呢？彼此之间还能存在隔阂吗？答案显然是否定的。

摩托罗拉公司的企业文化是它的一大优势，其基石是对人保持不变的尊重。它始终把"肯定个人尊严"的人才理念作为指导企业发展的最高准则。它有一句名言：对每一个人都要保持不变的尊重。这句话有几层意思：尊重每一位员工的价值和个人自由；给予员工最大限度的信赖；尽量满足员工的要求；创造团结、和谐、乐观、向上的整体氛围。

为了推动"肯定个人尊严"的活动，每个季度员工的直接主管都会与员工进行单独面谈，交流思想和感受。为此，摩托罗拉公司专门设计了 IDE（肯定个人尊严）问卷。他们通常要问员工的问题是：

1. 你觉得自己的工作有没有意义？

2. 你的工作是否让客户满意？

3. 上级或下级对你是否有反馈，你从中有没有收获？

4. 你有没有职业发展目标？

5. 你在工作中了解不了解成功的因素？

6. 工作环境中是否有其他的因素（如男女平等、宗教信仰等）阻碍你的上升发展？

员工的意见和建议会被输入一个全球性的电子系统传送到总公司汇总并存档，在谈话中发现的问题也将通过正式的渠道得以解决。

此外，摩托罗拉的员工还享有充分的隐私权。员工的机密记录，包括病例、心理咨询记录和公安调查清单等都与员工的一般档案分开保存，公司内部能接触到雇员档案的仅限于"有必要知道"的有关人员。在没有征得本人同意的情况下，任何人不得对外公布员工的私人资料。这种对员工隐私的周密保护也充分体现了公司对员工的尊重。

民主篇

作为一名管理者，尊重下属要从细节做起。比如，进下属的办公室，要先敲门获得许可后再进入，在公司里遇见下属主动问候对方等等。你主动尊重下属，自然也会赢得下属的尊重，当彼此尊重成为一种企业文化时，就会对公司的发展产生巨大的推动作用，并产生深远的影响。

【解读】

尊重下属是一个管理者谦逊个性和健全人格的反映，由此也会赢得下属的尊重和信任。作为一名管理者，尊重下属要从细节做起。比如，进下属的办公室，要先敲门获得许可后再进入，在公司里遇见下属主动问候对方，等等。你主动尊重下属，自然也会赢得下属的尊重，当彼此尊重在公司里蔚然成风，成为一种企业文化时，就会对公司的发展产生巨大的推动作用并产生深远的影响。

自以为位高权重，做起事来不考虑下属的感受，有意无意地伤害下属的自尊，这自然遭到下属的反感和疏远，不利于提高下属的忠诚度。

民主篇